教育の歴史と思想

【第2版】

石村華代／軽部勝一郎

［編著］

ミネルヴァ書房

は じ め に

　この本は，主に大学や短期大学の教職課程履修者を対象に書かれたものである。「教職に関する科目」のうち，特に，教育の理念・歴史・思想を取り扱う科目（「教育原理」「教育原論」など）を学ぶために活用してもらいたいと考えている。

　また，教員採用試験を受ける学生には，その参考資料としても使えるような構成にしている。本書を執筆するにあたっては，教員採用試験の参考書や問題集のいくつかに目を通し，どのような思想家が多く取り上げられているかを分析した。そして，教育思想史上の評価と，試験の出題傾向の両方を考慮しながら，どの思想家について重点的に記述するかを検討した。教育史の部分についても，同様の配慮をしている。

　教員採用試験では，教育の歴史・思想分野からの出題も見られる。受験生はその対策として，やみくもに暗記をして何とか乗り切ろうとする傾向にある。ただ，暗記だけだと試験勉強をしているときも楽しくないし，試験に受かったらあとはすべて忘れてしまい，この分野についての嫌な記憶だけが残るということになる。そうすると，教師になったあかつきに，教育の歴史や思想に関する専門書を読んでみようかという気もちはまったく起こらなくなる。その結果，次の日に即座に生かせる授業内容や技術についての本をつまみ読みをするだけになりがちである。

　教職課程の講義と教員採用試験は，教職を志す学生にとって，教育の歴史や思想を学ぶための最大の機会となる。この機会を生かして，「何が〈よい〉教育か」を根源的な次元から問うための力量をぜひ身につけてもらいたい。よく，教師になりたい理由として，「いい先生に出会ったから」ということが挙げられる。もちろん，そういった個人的な思い出は，その後の人生の原動力ともなるし，大切にしたいものである。しかし，その先生のようになれば〈よい〉教育が行えるというわけではない。その先生は，その学生にとってだけ〈よかった〉かもしれないし，個人的には〈よい〉方向へと導いてもらったと信じてい

i

ても実際には〈悪い〉影響を受けているのかもしれないのである。例えば，「先生が熱心に指導して殴ってくれたから成長できた」という学生が，その先生のような教師になりたいと考えた場合には，体罰を〈よい〉教育方法として正当化してしまうことになる。

理想の教育を過去の個人的な経験からだけ導き出してくるのは，非常に危険である。歴史を通して過去のさまざまな出来事の経緯を知り，思想を通して先人たちのすぐれた洞察に触れることによってはじめて，「教育とはいかにあるべきか」を追究することができるのではないかと思う。

■ 本書の特徴

本書の執筆者は全員，大学で教職課程の授業を担当している。そのため，日々の授業を通して，どこが学生にとって分かりにくいのかを熟知しているつもりである。よって本書でも，自分が受けもつ学生の顔を思い浮かべながら，その学生にも伝わるような平易な記述を心がけた。また，教育思想に関しては，教育現実や教育実践と程遠く，興味が沸きづらいという声がしばしば寄せられる。そういう声に応えられるよう，それぞれの教育思想が現代の教育にどのように反映されているか，どこが現代の教育の考え方と近いか（あるいは異なるか），どこがユニークでおもしろいかといった視点からの記述を盛り込むようにした。

■ 本書の構成

本書は二部構成となっている。第1部では，古代ギリシアから現代までの西洋の教育思想が取り上げられている。場合によっては，more は後回しにして読んでもらってもかまわない。また，第2部では，江戸期からアジア・太平洋戦争後までの日本教育史がまとめられている。なお，第1部では思想家ごとにその生涯や思想を取り上げたが，第2部では人物に焦点を当てつつも近世以降の日本教育史を時代の流れに沿って説明している。巻末には，西洋および日本の教育史が年表形式で簡単にまとめられており，教育基本法などの重要資料が掲載されている。索引も人名と事項に分けて付けられているので，これらを上手に活用してもらいたい。

(石村華代)

目　次

はじめに

第1部　西洋教育思想史

I　古代ギリシア・ローマの教育思想

1 ソクラテス──真理の探究者 ……………………………………… *5*

　more プラトン──国づくりの人材を育成する… *10*
　more クインティリアヌス──「立派な弁論家」を育成する… *12*

II　ルネサンス・宗教改革と教育

2 コメニウス──子どものために「教科書」を……………………… *17*

　more エラスムス──ルネサンス期ヒューマニズムの巨匠… *22*
　more ラブレー，モンテーニュ──フランス人文主義の教育思想家たち… *24*
　more ルター──神学に基礎づけられた教育改革… *26*

III　近代国家の形成と教育

3 ロック──紳士教育論と『教育に関する考察』 ………………… *31*

4 ルソー──消極教育と『エミール』 ……………………………… *36*

　more コンドルセ──国民教育と『公教育に関する五つの覚え書き』… *42*
　more オーエン──環境決定論の教育思想… *44*
　more ホーレス・マン──アメリカ公立学校の父… *46*

IV　近代教育学の確立

5 カント──自律的で道徳的な人間を育てる ……………………… *51*

6 ペスタロッチ──貧民教育と直観教授法 ………………………… *56*

7 ヘルバルト──教育学の体系化と教授方法の段階化 …………… *61*

iii

8 フレーベル──幼稚園の創設者 ……………………………………… *66*

V　社会と教育

9 デュルケーム──教育社会学の祖 …………………………………… *73*

10 ケルシェンシュタイナー──社会生活の基礎を学校で身につける ………… *78*

　more クルプスカヤ──教育と労働をつなぐ… *83*

　more マカレンコ──集団主義教育による社会の発展… *85*

VI　新教育運動の成立と展開

11 エレン・ケイ──個性的教育思想の先覚者 ………………………… *89*

12 デューイ──プラグマティズムの教育 ……………………………… *94*

　more 各国における新教育運動──レディ，リーツ，ドモラン，ニイル… *99*

　more シュタイナー──自由ヴァルドルフ学校の創始者… *101*

13 モンテッソーリ──「子どもの家」で生まれたメソッド ……………………… *103*

VII　現代における教育思想の展開

14 ボルノウ──信頼と希望の教育学 …………………………………… *111*

　more シュプランガー──生の形式と文化教育学… *116*

15 ブルーナー──学習に発見の喜びを ………………………………… *118*

　more ラングラン──関わり合う「生涯教育」社会へ… *123*

16 イリイチ──学校化された社会への批判者 ………………………… *125*

　more フーコー──権力装置としての学校… *130*

第2部　日本教育史

I　近世社会の教育とその思想

1 近世社会の成り立ちと人間形成の思想 …………………………… *136*

iv

（1）家の教育・村の教育　（2）子宝と子返し　（3）"一人前"への道

2　多様化する教育機関と近世的"学び"の特質 ……………………… *140*

（1）藩校・手習塾（寺子屋）・私塾　（2）手習塾に見る近世の"学び"

3　近世の教育思想と教育家たち ……………………………………… *146*

（1）貝原益軒──メディアを活用した学問知の伝達
（2）広瀬淡窓──能力主義と人間形成の咸宜園教育
（3）吉田松陰──情熱と感化の教育者

Ⅱ　明治時代の教育とその思想

1　「明治」という時代 ………………………………………………… *158*

2　福沢諭吉の教育思想 ………………………………………………… *159*

（1）福沢諭吉の生い立ち　（2）西洋文明の紹介者としての福沢諭吉
（3）慶応義塾での教育活動　（4）『学問のすゝめ』の刊行

3　国民教育制度のありようをめぐる模索 …………………………… *163*

（1）「学制」にもとづく教育政策の行きづまり　（2）啓蒙主義教育政策の転換
（3）徳育推進派による啓蒙主義批判　（4）徳育重視への変化

4　教育における国家主義路線の構築 ………………………………… *169*

（1）初代文部大臣森有礼の生涯　（2）学校令の制定にみる森有礼の思想
（3）教育勅語の発布

5　明治後期の教育 ……………………………………………………… *173*

（1）義務教育制度の展開　（2）中等教育機関の諸相　（3）高等教育の動向

コラム　明治時代に導入された新しい教授法… *176*

Ⅲ　大正新教育の思想と実践

1　教育現場からの改革 ………………………………………………… *180*

2　及川平治──教授法改革の先覚者 ………………………………… *182*

（1）生い立ち　（2）分団式動的教育法の提唱　（3）カリキュラム研究への発展

3　木下竹次──学習原理の探求 ……………………………………… *185*

（1）生い立ち　（2）教育原理としての「学習」（3）「合科学習」の実践

4　沢柳政太郎──「実際的教育学」の建設 ………………………… *188*

v

（1）生い立ち （2）新しい教育学と教師への期待 （3）成城小学校の創設

コラム　教育の世紀社と児童の村小学校… *191*

Ⅳ　戦時下の教育・戦後教育改革

1　学制改革の構想と実際………………………………………… *194*

2　総力戦体制下の教育…………………………………………… *195*

3　戦後教育改革…………………………………………………… *197*

（1）軍国主義教育の解体 （2）教育基本法の制定 （3）新学制の発足

資料編

〈年表〉西洋教育史年表／日本教育史年表

〈資料〉学制序文／教育に関する勅語／日本国憲法（抄）／教育基本法

人名索引／事項索引

＊引用文献の訳文には，原典に照らして変更を加えている場合があります。

第1部　西洋教育思想史

I　古代ギリシア・ローマの教育思想

ここでは，西洋文明の二大源流である古代のギリシア・ローマの教育思想を見ていく。

　古代ギリシアでは，アテナイやスパルタなどのポリス（都市国家）が紀元前5世紀ごろ栄え，哲学・数学・医学などの様々な学問の基礎が築かれた。人々は，ギリシア神話に描かれたゼウスなどのオリンポスの神々を信仰しており，その信仰を基盤にして，文学，演劇，彫刻，建築などの分野で豊かな文化を開花させた。またアテナイでは，18歳以上のすべての男性市民が民会の構成員となり，全員の議決による直接民主政が行われた。彼らは政治と軍務に携わっており，平時にはアゴラ（公共広場）周辺で議論をする「スコレー」（もともとは「暇」の意で school の語源）を有していた。ソクラテスによる問答を重視した教育活動も，このような場から生まれた。一方で，女性の社会的地位は基本的に低く，家事などの労働をもっぱら担当していた。また，奴隷も主人の所有物とみなされ，生産活動に従事させられた。市民の子弟は，読み書き算や音楽，体育などを学ぶ場に通っており，パイダゴゴス（教養ある教育奴隷）がその学習活動を支えていた。紀元前4世紀になるとプラトンのアカデメイア（→ p.10）やアリストテレスのリュケイオンといった教育機関が設立された。これらは，529年にユスティニアヌス1世によって閉鎖されるまで，長く知的活動の拠点としての役割を果たした。

　ポリスが没落したあと地中海の覇権を握ったローマ人たちは，文化面ではギリシア人をしのぐことができなかったが，法律や建築といった実用的な分野でその能力を発揮した。クインティリアヌスの教育論は，ローマ社会における弁論術の伝統を反映したものとして知られており，中世を経て，近世のエラスムスなどにも影響を与えた。また，この時代に作られた七自由科（→ p.12）は，後世においても長く，教育内容のスタンダードとなった。　　　　（石村華代）

Ⅰ　古代ギリシア・ローマの教育思想

1　ソクラテス──真理の探究者

【キーワード】　無知の知　哲学的問答　対話　助産術（産婆術）

■生　涯

ソクラテス（Σωκράτης　前470頃 – 前399）は，アテナイのアロペケ区で生まれ，生涯のほとんどをアテナイで暮らした。父は石工（彫刻家），母は産婆である。二人の女性を妻にしているが，そのうちクサンティッペには，ソクラテスに水をぶっかけたとか，怒りにまかせて広場でソクラテスの上衣をはぎ取ったなど，悪妻の逸話が残っている。紀元前399年，ソクラテスは不信心で，新しき神を導入し，かつ

青年を腐敗させたとして，市民の代表である三人の告発者から訴えられ，死刑を宣告され，毒杯を仰いで亡くなる。

■「無知の知」

ソクラテスは著作をまったく残していないので，彼の思想は弟子たちの著作を通じて理解されている。教育に関する重要な思想は，「無知の知」と「助産術（産婆術）」に代表されるが，まずは「無知の知」について取り上げてみよう。

ソクラテスが「無知の知」，すなわち，「自分が知らないということを知っている」ということを語ったのはあまりにも有名である。ソクラテスがこれを自覚するに至ったのは，プラトンが著した『ソクラテスの弁明』（前399頃）によれば，次のようなことだった。「彼はかつてデルフォイにおもむき，次の如き問に対して神託を求むるの大胆を敢えてした。──が，前にも申した通り，諸君，どうぞ静粛に聴いていただきたい。即ち彼は，私以上の賢者があるか，と伺いを立てたのである。ところがその巫女は，私以上の賢者は一人もないと答えた。」「その神託をきいたとき，私は自問したのであった。神は一体，何を意味し，また何事を暗示するのであろうか，と。私が大事においても小事におい

5

ても賢明でないということは，よく自覚しているところであるから。して見ると，一体どういう意味なのであろうか，神が私を至賢であるというのは。けだし神にはもちろん虚言のあるはずがない，それは神の本質に反するからである。」

ソクラテスは，デルフォイ（Delphoi：世界遺産）で，彼以上の賢い人間はいないという神託を受けるが，どのような意味で賢いというのかがわからなかった。しかし，一緒に神託を受けた者と比べてみると，異なる点がただ一つあることに気がついた。「しかしわたし自身はそこを立去りながら独りこう考えた，とにかく俺の方があの男よりは賢明である，なぜといえば，私たちは二人とも，善についても美についても何も知っていまいと思われるが，しかし，彼は何も知らないのに，何かを知っていると信じており，これに反して私は，何も知りもしないが，知っているとも思っていないからである。されば私は，少くとも自ら知らぬことを知っているとは思っていないかぎりにおいて，あの男よりも智慧の上で少しばかり優っているらしく思われる。」

このように，ソクラテスは，他の者は何かを知っていると思っているのに対して，自分は何も知らないのだと自覚しているという点において，他の者より優れているとしたのである。しかし，この「無知の知」は，何も知らないということを自覚するというだけでは，自分の無知をさらけ出すだけにとどまっているのだから，重要なことだとは思えない。「無知の知」は，ソクラテスに独特の哲学的営み，すなわち哲学的問答と結びついてその価値が認められる。

■ 哲学的問答

ソクラテスは，上述の「無知の知」を拠り所に，真理を究めるべく，多くの人々と哲学的問答（対話）を重ねることを重視した。ソクラテスは，ソフィスト（sophistes，智慧ある者）と呼ばれる人たちをつかまえて，勇気とは何か，正義とは何か，徳とは何か，という具合に，問いを投げかけて答えを求める。その答えに対してソクラテスはさらに問いを続け，結局はソフィストたちの答えが十分でなかったり矛盾していたりすることを暴くのである。ソクラテスはこのようにして，ソフィストが自らの無知を自覚していないことに気づかせ，

真理を追究するためには，「無知の知」が大切であることを説こうとする。

　このようなソクラテスの問答の仕方は，アイロニー（irony）と呼ばれることがある。一般的に，アイロニーは，「皮肉」や「あてこすり」を意味する。いろいろなことを知っている人が，それを知らない人に対して，「これも知らないでしょう，あれも知らないでしょう」と皮肉たっぷりにたたみかければ，確かにその知らない人は不機嫌になる。それは，知っている人が，自分がよく知っているということをひけらかし，知らない人を見下すことになるからだ。しかし，ソクラテスのアイロニーの重要な点は，次の点にある。「これも知らないでしょう，あれも知らないでしょう，私もそれらを知らないのです，だから共にそれらを知ろうとしましょう。」

　知恵を授ける立場にある者に対して誰彼もなく問いを連発し，知らないという事実を暴いていくのだから，ソクラテスの問答はソフィストたちの反感を買う。しかし，ソクラテスの問答の目的は，ソクラテス流アイロニーを用いることによって，共に真理へと近づこうとするところにあったと言えるのである。

■ 助産術（産婆術）と魂の想起説

　ソクラテスの問答と真理探求の営みがわかりやすく描かれているのは，プラトンが著した『メノン』（前402頃）のなかにみられる，ソクラテスとメノンの召使いとの対話である。ソクラテスとメノンは，「徳は教えられうるか」について対話を行うが，そこではまずは「徳とは何か」が問われなければならないとする。ソクラテスは，メノンの召使いの少年と対話を行うことによって，彼が知っていると思い込んでいた正方形の面積の出し方が誤りであることを暴き，本当はそれを知らないのだと自覚させ，さらに対話を積み重ねて正しい面積の出し方へとたどり着かせる。ソクラテスはその過程を次のように説明している。「だから，徳についても，その他いろいろの事柄についても，いやしくも以前に知っていたところのものである以上，魂がそれらのものを想い起すことができるのは，何も不思議なことではない。なぜなら，事物の本性というものは，すべて互いに親近なつながりをもっていて，しかも魂はあらゆるものをすでに学んでしまっているのだから，もし人が勇気をもち，探求に倦むことがなけれ

第1部　西洋教育思想史

ば，ある一つのことを想い起したこと——このことを人間たちは「学ぶ」と呼んでいるわけだが——その想起がきっかけとなって，おのずから他のすべてのものを発見するということも，充分にありうるのだ。それはつまり，探求するとか学ぶとかいうことは，じつは全体として，想起することにほかならないからだ。」

召使いの少年がソクラテスの問いに正しく答えられなかったのは，少年の魂はすでに正しい答えを知っているのに少年がそれを想い出せずにいたことによる。少年は，ソクラテスの問答によって自らの誤り，すなわち無知を自覚し，さらに問答を積み重ねることで次第に正しい答えを想い出すことができるようになったというのである。

ソクラテスの問答は，少年が自ら真理を探究する＝学ぶ＝想起することができるように手助けをしているから，出産の手助けになぞらえて，助産術（産婆術 maieutike）と呼ばれている。魂の想起説，すなわち魂があらゆるものをすでに知っていてそれを想い出すという考えは，『メノン』を著したプラトン自身のものだとも言われている。しかし，この考えをとおして，ソクラテスの問答は，一方的に知識を伝達する教師の姿とは対照的に，被教育者が自ら学ぶことを助けるという教師の役割を的確に示したものとなっているのである。

■ ソクラテスの死

ソクラテスは，青年を惑わせ，社会を混乱させたということで裁判にかけられて死刑となっている。ソクラテスはどうして死刑に処せられねばならなかったのだろうか。『ギリシア哲学者列伝』（3C頃）では，次のように述べられている。

「ソクラテスは，無罪放免の票よりも多い281票の投票数で有罪の判決を下されたのであった。」「そして裁判官たちがそのことで騒然となると，彼は，『わたしのなしとげた功績にかんがみて，わたしはプリュタネイオン（迎賓館）において食事を饗されることを刑として申し出たい』と言った。そこで裁判官たちは，先の票数に新たに80票を加えて，彼に死刑の判決を下したのである。そして彼は獄につながれ，その後多くの日数をへないうちに毒をあおいだのであった。」

どうやらソクラテスは，裁判の場でも，その場の人たちの反感を煽るような

8

Ⅰ　古代ギリシア・ローマの教育思想

弁論を繰り広げ，結果的に死刑となってしまったようである。弟子たちはソクラテスに対して，言われなき罪なのであるから逃亡するように勧めるが，ソクラテスは法には従うべきだとして自ら毒杯を仰ぐ。ソクラテスの哲学的営みは，ものごとを原理的に問い直す作業であるから，いわゆる世の中の常識や自明性に従って生きている者にとっては，奇異で不可解，かつ不愉快に映り，それがソクラテスを死刑に導いたと言える。しかし，「こうして彼は人間たちの間から姿を消したのだが，アテナイ人は間もなくそのことを後悔」したという。私たちは，この「後悔」から，次のことを学ばねばならない。

　ソクラテスにとって重要なのは，「無知の知」を自覚して対話を積み重ねることであり，それによってこそ真理を求めることが可能になる。対話を行えば，知っていると思い込んでいることが実はよく知らないことだったのだという状態に晒される。我々の学びにとって，知らないのだと自覚することは，やはり重要である。なぜなら，学ぶ者は，自らが知らないことを知りたいと願うところからしか学ぶことができないからである。そうすると，私たちは，これまでの自分の学習履歴を積み重ね，できるようになったことや獲得したことに喜びを見出して満足していてはならない。私たちは逆に，この世の中には自分の知らないことがたくさんあるのだということを自覚するために学んでいるのであり，その自覚を得ることが学び続けるために必要なことなのである。特に教育者には，被教育者と共に，知らないことを知ろうとする態度が求められる。私たちにはまだまだ知らないことがたくさんある，できないことがたくさんある，ということを身をもって知らしめる環境，そしてそこから学ぶ意欲が湧き出てくる環境が，現在の教育の場面にも必要なのである。

引用・参考文献

高坂正顕『西洋哲学史』創文社，1971年。

プラトン（久保勉訳）『ソクラテスの弁明 クリトン』岩波書店，1964年。

プラトン（藤沢令夫訳）『メノン』岩波書店，1994年。

ディオゲネス・ラエルティオス（加来彰俊訳）『ギリシア哲学者列伝（上）』岩波書店，1984年。

（石村秀登）

more プラトン——国づくりの人材を育成する

プラトン（Πλάτων 前427 - 前348か347）はアテナイ有数の名家に生まれる。若い頃は政治家を志したが，政治に絶望し，ソクラテスの弟子として哲学と対話術を学んだ。前399年にソクラテスが刑死すると，アテナイを離れイタリア，エジプトを遍歴する。その後アテナイに戻り，前387年頃，アテナイ郊外に学園アカデメイア（Ἀκαδήμεια）を設立した。そこでは算術，幾何学，天文学等を学び一定の予備的訓練を経てから理想的な統治者が身に付けるべき哲
学が教授された。アカデメイアは，学校の場所であるアテナイ郊外のアカデモスの聖林にちなんで名付けられている。西洋では，アカデメイアにちなみ，高度な研究や教育を行う機関をアカデミー（academy），アカデミカ（Academica）などと名付けることがある。アカデメイアでは，対話が重んじられ，師弟の問答によって教育が行われた。弟子にあたるアリストテレスは17歳のときにアカデメイアに入門し，そこで20年間学生として，その後は教師として在籍している。その後のプラトンは，哲人統治の政治思想実現を目指していたが，度重なる政争で試みは挫折する。晩年は著作の執筆とアカデメイアでの教育に力を注いだ。

プラトンの主著として有名なのは，長大な対話篇『国家』（前375頃）である。ポリテイア（国家，Πολιτεία）は，「ポリスのあり方・組織・制度・政体」という意味であるから，国家統治のあり方を述べた著作である。しかし，この著作は正義とは何かという問いかけから始まっており，『国家』の訳者解説には，「国家論を通じて〈正義〉の何であるかを問い，それと幸福との関係を問うこと，これが，議論の進行の実態によって示される本篇の中心テーマであるといわなければならない」と述べられている。したがってこの著書は，国家制度のしくみを単に述べたものではなく，国家を形成する人間がどのようなふるまいをすべきかということに議論が及んでいる。またこの著作では，国の守護者の育成，さらに，理想的国家を実現するための真の支配者の育成が大切だとされており，教育のあり方についても詳しく論じられる。もちろん，例えば日常生活に必要なものを生産する者もいるのだが，彼らは教育の対象と考えられてはいなかった。国家を守って国家の秩序を維持する仕事，

さらに，立法統治を行う仕事が大切だとされており，それらの仕事を遂行する人材を育成するために教育が施されなければならないのである。その教育とは，まず，少年期（18歳くらいまで）には，音楽・文芸と体育を主として学ぶ。その後数年間は軍事訓練を行い，20～30歳の間に幾何学や天文学などの数学的な内容を学ぶ。それを過ぎると，優秀な者だけが選抜されて，哲学的問答法をしっかりと身につけることになる。国家の指導者になる人物は，かなり長い期間にわたって教育を受けるようになっていたことがわかる。プラトンが身につけるべきとしている音楽・文芸と体育，弁証法，哲学的問答法などは，その内容を蓄積すれば実務上役に立つというものではない。そうではなくて，当時の理想的な人間像である調和的で美しい人間であるとともに，熟議を尽くして将来のよりよい社会を創ろうとする潜在的な能力を備えた人間の育成に必要な内容なのである。

　翻って，現在の私たちの教育と社会（国家）はどのような関係になっているだろうか。私たちの教育のなかでは，これから先の理想的な社会を形づくるために必要な力を身につけさせているのだ，という意識は低いのではないだろうか。私たちはむしろ，現在の社会で一般的に認められている生き方や職業に必要だと考えられる内容をひたすら学ぶ傾向にある。プラトンの時代には，現在の義務教育のような考え方は成立していないし，市民や職業も階級化されているので単純に比較することはもちろんできないが，教育を受けることが，私たちが将来そのなかで暮らしていく社会をどのようなものにしていくのかということに大きく関わっているという考えは，極めて重要である。なぜならば，そのような考え方がないと，教育は現在の社会に従順に適応する人間を単に育てさえすればよいということになってしまい，新しく価値あるものを生みだしたり，よりよい社会を創りだそうとしたりする力などは生まれてこないからである。

引用・参考文献

ネトゥルシップ（岩本光悦訳）『プラトンの教育学』法律文化社，1981年。

プラトン（藤沢令夫訳）『国家 上下』岩波書店，1979年。

（石村秀登）

第1部　西洋教育思想史

more クインティリアヌス──「立派な弁論家」を育成する

クインティリアヌス（*Marcus Fabius Quintilianus* 35頃 - 100）は，スペインに生まれ，ローマで弁論術，法律を学ぶ。のちに修辞学校をひらいて弁論術を教授した。教育の目的は真の雄弁家を養成することであると考え，『弁論家の教育』（*Institutio Oratoria*, 95頃）を著す。

人前で話をするとき，私たちはどのような準備をするだろうか。例えば結婚式の披露宴でスピーチを頼まれたとき，まずはスピーチを向ける相手にどのような内容が相応しいか，主題（テーマ）をいくつか挙げてみるだろう。次に，その主題に関する様々なことがらを，どの順番で並べたらよいかを考えてみる。順番が決まったら，文章がおかしくないか，言葉遣いが誤っていないか，わかりやすく述べられているか，聞いている人が喜んでくれそうか，といったことを確認しながら文章を組み立てていくだろう。そして，作った文章を声に出して読んで覚えようとする。披露宴での出番がくると，参加者がよく聞いてくれるように，声の大きさや抑揚，話す速さなどに気を配ってスピーチを行う。このように，きちんと人前で話をしようと思えば，一定の準備作業や技術が必要であり，それがないと，聞きづらいスピーチになってしまったり，だらだらと脈絡のない話をしてしまったりすることになる。

そのようなスピーチの手順は，実は，発想（inventio），配列（dispositio），措辞（elocutio），記憶（memoria），口演（pronuntiatio）という分け方で，古代ギリシアの頃から弁論に必要なものとされていた。これは，西洋では伝統的に修辞学（英：rhetoric）と呼ばれており，重要な学問領域であった。現在のいわゆる「教養」とされている学問の原型は，5世紀頃に高等教育のための基礎的な学科として成立した七自由科（septem artes liberales）にあるが，その中心的な学科は修辞学であった。このような修辞学を発展させた人物として知られているのが，キケロとクインティリアヌスなのである。

クインティリアヌスは，『弁論家の教育』のなかで，上の措辞にあたることを詳しく論じている。措辞では，話をしたり文章を書いたりするときに，それをわかりやすくするため，あるいはその表現を豊かにするために，修辞技法（英：figure）を用いる。例えば，イメージを膨らませるために比喩を用いたり，強調するために同語反復や倒置をしたり，様子や音をありありと描くために擬態や擬人を行ったり

する。彼は，実際に弁論を効果的に行うためにはどのような技術や表現が必要なのかを具体的に明らかにしており，弁論家育成にあたってそれらを教授していたと考えられる。そして，修辞学を含めた学問を体系的に学ぶことは学校でなければ難しいとし，一定の年齢になれば学校で教育を受けることの必要性も主張している。

　また，クインティリアヌスは，弁論術を身につけ，雄弁になるということだけでは弁論家として失格だと考えていたようである。彼は，『弁論家の教育』のなかで，次のように述べている。「私は完全な弁論家を育て上げるつもりであり，完全な弁論家とはよき人物以外ではありえません。それゆえ完全な弁論家には弁論のきわだった能力のみならず，あらゆる徳を私は要求します。」

　残念ながら現代の私たちでも，口達者で弁舌が際だっていれば，舌先三寸と表現されるように，口先でうまく人をまるめこんだり，実際の行動が伴わなかったりすることがある。クインティリアヌスは，「弁論術とは，説得する能力である」という一般的な定義を引いて，もしそうであれば，弁論は善良な人でなくてもできるとする。いや，むしろ善良でない方が高い弁論術を身につけることも考えられる。しかしそれは，彼が育てようとする弁論家ではない。彼は改めて，「弁論術とは，立派に語るための学問である」と述べて，弁論を使いこなす人間のあるべき姿に言及しているのである。

　教師は，日常的に人前で話をする。したがって，クインティリアヌスが理想とする，高い弁論の能力と徳を兼ね備えた人物，それこそが教師にふさわしい人物と言えるのかもしれない。

引用・参考文献

クインティリアヌス（森谷宇一ほか訳）『弁論家の教育』京都大学学術出版会，2005年。

（石村秀登）

Ⅱ　ルネサンス・宗教改革と教育

中世ヨーロッパ社会ではカトリック教会が大きな権威を保っており，学問の発展もほぼ神学に限定されていた。しかし，レコンキスタ（イベリア半島での国土回復運動：711〜1492）や十字軍の遠征（1096〜1270）によってイスラム世界やビザンツ帝国（東ローマ帝国）との接触が盛んになると，古代ギリシア・ローマの文献が再発見されたり，イスラム世界で発達した数学などの学問が輸入されたりするようになる。このような動きは12世紀ルネサンスと呼ばれ，教師と学生による学問ギルドから発展した「大学」の誕生を促した。

　さらに14世紀から16世紀ごろにかけ，モンゴル帝国の影響なども受けて，イタリアを中心にルネサンス（「古代ギリシア・ローマ世界の再生」の意）が興った。この時期にはフィレンツェなどの都市が発達し，文学，絵画，彫刻，建築などの分野で新しい文化運動が起こり，人間の精神を解放しその生を肯定しようとする思想である人文主義（ヒューマニズム）が謳われるようになった。ルネサンス最大の知識人と言われるエラスムスやフランスのラブレー，モンテーニュのような人文主義者（ヒューマニスト）たちは当時の学校教育にも目を向け，鞭でもって知識をたたき込むような在り方を見直そうとした。また，自然科学の発展に伴って，古典語中心の教育内容を変えようとする動きも現れた。

　15世紀から17世紀にかけて大航海時代が到来し，東西の交易が進むとともに，ヨーロッパは侵略による植民地主義を進めるようになる。また，ヨーロッパ内では宗教改革が，とりわけルターによる「95箇条の提題」（1517年）をきっかけにして広がった。聖書を通じてみなが神の御ことばに直に触れるべきだという福音主義の立場から，万人に学校教育を授けようとする発想も生まれた。そのような流れは，のちのコメニウスの教育学へと結実していく。

（石村華代）

Ⅱ ルネサンス・宗教改革と教育

2 コメニウス──子どものために「教科書」を

【キーワード】 汎知学　感覚　『世界図絵』

■生　涯

コメニウス（Jan Amos Komensky 1592-1670）はチェコ共和国モラヴィア生まれ。ドイツで学び，ラトケなどの影響を受ける。1617年牧師となるが，三十年戦争（1618-48）において信仰上の理由で迫害され，ポーランド，イングランド，オランダ，スウェーデン，ハンガリーを転々とする。祖国に帰還できないままオランダで亡くなる。宗教改革家であり教育思想家である。

■「汎知」へのあこがれ

コメニウスの生きたヨーロッパ17世紀は，不安定で激動の時代である。コメニウスが生まれたチェコ共和国は，西部をボヘミア地方，東部をモラヴィア地方という。首都プラハはボヘミア地方にあるし，スメタナの交響詩「わが祖国」からの合唱曲「ヴルタヴァ（Vltava チェコ語）」＝「モルダウ（Moldau ドイツ語）」にはボヘミアが登場するため，この地方は知名度が高い。この「わが祖国」は民族の独立を象徴する楽曲で，スメタナの命日である5月12日に開催される「プラハの春音楽祭」は，「わが祖国」の演奏で幕を開けるのが習慣となっているが，これには歴史的な背景が存在する。

ボヘミアは，フス戦争（1419-36）と三十年戦争で歴史的によく知られている。ボヘミア出身の宗教改革者ヤン・フスは，プラハ大学（カレル大学）学長の時に教会改革を実施した。教会の権力を否定してドイツ人を追放したため，フスは，カトリック教会から破門されて火あぶりに処される。これを機にボヘミアでは大規模な反乱が起きた。その後ボヘミアは，周辺国の支配を受け，1618年，ボヘミアのプロテスタント領主の反乱をきっかけに，三十年戦争へと突入する。ボヘミアではドイツ語が公用語とされ，チェコ語は禁じられていた。

17

第 1 部　西洋教育思想史

　このような中でコメニウスは，フスの流れをくむボヘミア同胞教団に属して
いたことから，三十年戦争でボヘミアを追われ，二度と戻ってくることができ
なかった。その彼が生涯をとおして目指したのは，「汎知学」（Pansophia）の樹
立である。「汎知」とは聞き慣れない言葉だが，もともと「汎」は，「あまねく
いたるところに」という意味のラテン語 pan に充てた漢字であり，「汎用」な
ど様々な名詞に付いて，広くすべてにわたるという意味をつくる。したがって，
pan：汎 + sophia：知 = 汎知であり，汎知学とは，広くあらゆる知識を網羅す
る学問ということになる。例えば，現在の図書館では，類似した内容の本は一
定の規則に従って同じジャンルに区分けされ，分類記号を付されて配架されて
いるが，これがもし無秩序に本棚に投げ込まれていると，探すのも管理するの
も大変で，大きな混乱が生じる。それと同じように，知識がバラバラに存在し
ているのは混乱状態であるから，汎知学は，個別の知識を分類して整え，全体
をまとめあげる体系を作ろうと試みる。

　このような汎知学への欲求には，上述したヨーロッパ17世紀の混乱する社会
情勢を何とか克服し，落ち着いた社会を学問の力によってつくろうとしたこと
が関係している。コメニウスは，汎知学によって，神，人間，自然を統一的普
遍的に把握し，世界を秩序づけることが重要であると考えていたのである。

■ 楽しく学ぶ

　コメニウスは，以上のような汎知学の樹立と普及を教育活動に求めた。私た
ちは，子どもの頃に言語を獲得し，徐々に世界を分節化して多くのものを認識
し，様々な知識を蓄積していく。その際，個々の知識が適切に結びつけられた
体系である汎知学を基にして，順序よく知識を授けていくことが大切になると
コメニウスは考えたのである。彼の主著『大教授学』（*Didactica Magna*）の冒頭
では，次のように述べられている。

　「あらゆる人に，あらゆる事柄を教授する，普遍的な技法を提示する大教授
学」「…男女両性の全青少年が，ひとりも無視されることなく，学問を教えら
れ，徳行を磨かれ，敬神の心を養われ，かくして青年期までの年月の間に，現
世と来世との生命に属するあらゆる事柄を，僅かな労力で，愉快に，着実に教

わることのできる学校を創設する，的確な，熟考された方法」「教える者にとっては，教える労苦がいよいよ少なくなり，しかし，学ぶ者にとっては，学びとるところがいよいよ多くなる方法，学校に鞭の音，学習へのいや気，甲斐ない苦労がいよいよ少なくなり，しかし静寂とよろこびと着実な成果とがいよいよ多くなる方法…」

　すべての人にあらゆる知識を授けるというのは，教える側がたくさんの知識を無理矢理詰め込むということではなく，教える側も学ぶ側も楽しくかつ効率的に学ぶことができるようにすることである。コメニウスは，『大教授学』のなかで33章にわたってそのような学習を可能にするための方法を提示した。

■ 段階を追って教える

　コメニウスは，『大教授学』で次のように述べている。

　「自然は飛躍しない。段階を追って進む。」「教師が自分のためを思い，生徒のためを思って学習を配分し，一つの学習と他の学習とが切れ目なく連続するようにしておく…。」「自然は，平易なものから困難なものへ進む。」

　コメニウスの時代には，ラテン語や修辞学を学ぶ学校が多かったので，難解な言語や文法を幼いうちから無理にでも覚えさせるというやり方が一般的であったようだ。それに対してコメニウスは，知識を授けるにあたっては，やさしいことから難しいことへ，基礎から応用へと進んでいかなければならないと考えていた。階段を上っていくように，一つの内容が確実に修得されてからその次の段階へ進んでいくことが提案されている。

　もちろん，やさしいことから難しいことへ，といっても，何がやさしくて何が難しいのか，はっきりと決めることは困難である。例えば日本語でも，小学校でまずはひらがなを学ぶので，カタカナや漢字よりもひらがなの方がやさしいと思われがちだ。しかし，実は，ひらがなは曲線が多いので，小学校1年生にとっては読み書きが大変難しく，カタカナを小学校で最初に学んでいた時代もあったことからもわかるように，一概にひらがなの修得が他よりも容易だとは言えない。

　したがって，この考えの正否については一定の留保が必要であるが，コメニ

第1部　西洋教育思想史

ウスが，学習者の立場に立って教育内容を選択し，よりよく身につけることが
できるような方法をとらなければならないと考えていたことは，現在の教育方
法に通じる点であり，高く評価されていることである。

■ 認識は感覚から始まる

　また，コメニウスは，『大教授学』で次のようにも述べている。

　「認識は，いつも必ず感覚から始まらざるをえません。」「ですから，学識は，
事物を言葉で伝えることから始まるのではなく，事物そのものをよく見ること
から始まらなくてはいけないのではありませんか。そして，事物が認識された
あとで初めて，事物をもっと詳しく説明するために，言葉を付け加えるように
してほしいのです。」

　現在の私たちの学校でも，例えば地理では，訪れたこともない外国の気候を
学ぶ。その際，そこでの気候を実際に体験するのではなく，気候変化の特性や
地理的条件，因果関係等を，言語による説明によって理解する。それと同じよ
うに，当時の学校でも，様々なことがらについて，そのものを実際に見聞きす
るのではなく，言葉に表したものを，言葉で説明することによって学ばせよう
としていたという。それに対してコメニウスは，「感覚に訴える」，すなわち実
際に学ぶべきものを見たり聞いたりすることがまず必要だと考えていた。

　もちろん，この考えに対しても異論はありうる。「事物そのものをよく見る」
ことは，単に事物を見せるだけでは不可能であり，事物が何たるかを概念的に
把握していないと見ることそのものができないという考え方もあるからだ。ま
た，そもそも学ばせたいものをすべて見聞きさせること自体不可能だという見
解もあるだろう。

　したがってこの考えにも一定の条件は付くかもしれないが，現在の教育にお
いて，物事をわかりやすく提示し，理解を促進させるためには，実物を示した
り，視覚に訴えたりする方法を部分的に取り入れることは効果的であるとされ
ている。コメニウスの感覚を重視する考え方は，様々な実物教材や教育メディ
アが活用されている現在の教育方法に反映されているのである。

■ 『世界図絵』（*Orbis Sensualium Pictus*）

　以上のコメニウスの考えは，1658年に出された『世界図絵』に具現化されている。この『世界図絵』は，「世界における主要な事物のすべてと，人生における人間の諸活動を絵で表し，命名する」ために書かれたもので，150のことがらが挙がっている。

　コメニウスは，まず，「学校では拷問ではなくて喜びだけを感じられるように，生徒の心を誘うこと」とあるように，文法中心の押しつけがましい学校の授業に反対し，学習者が興味をもって楽しみながら学習に取り組むことができるようにすることを重視している。

　そして，段階を追って平易なものから困難なものへと教えることをふまえ，この『世界図絵』は基礎的な段階の教材と位置づけている。また，認識は感覚から始まることから，感覚を訓練することの大切さを指摘している。「あらかじめ感覚のなかに存在しないものは，何ごとも理性のなかに存在することはありません。したがって事物の区別を正しく把握するように，感覚をよく訓練することは，すべての知恵とすべての知的な能弁さ，および人生の活動におけるすべての思慮にとってその基礎をおくことになるのです。」

　これらコメニウスの教授に関する特徴的な考え方を具体化した書物，それが『世界図絵』であり，彼は，この書物を使って子どもたちが楽しく学習を進めることを願っていた。これはまさに，学習の助けとなる教科書なのである。現在わが国で使用されている教科書は，カラーの図や絵，写真をふんだんに用いて，見やすくわかりやすい書物に仕上がっているが，その元は，「世界で最初の教科書」，『世界図絵』にあると言ってもよいだろう。

引用・参考文献

コメニウス（稲富栄次郎訳）『大教授学』玉川大学出版部，1956年。

コメニウス（井ノ口淳三訳）『世界図絵』平凡社，1995年。

ローベルト（江藤恭二訳）『コメニウスの教育学』明治図書，1959年。

（石村秀登）

第1部　西洋教育思想史

more エラスムス──ルネサンス期ヒューマニズムの巨匠

　エラスムス（Desiderius Erasmus Roterodamus 1466-1536）は，オランダのロッテルダム生まれで，ルネサンス期における最高の知識人にして最高のヒューマニストと評され，その名声はヨーロッパ全土に喧伝された。人間形成という意味合いでの「教育」概念が存在していなかった時代にあって，彼はこの概念を明確化し，理論化を試みた人物であった。

　彼の著作としては『痴愚神礼賛』（1509）が有名であるが，教育に関する著作として，『学習方法論』（1512），『キリスト教兵士提要』（1504），『キリスト教君主教育論』（1516），『キリスト教的結婚教育論』（1526），『幼児教育論』（1529），『児童の品性と洗練について』（1530）等もある。

　『痴愚神礼賛』は中世的伝統を引き継ぐ教会の当時の状況を風刺的に批判した書であるが，そのなかには次のような一節がある。「まず文法を教える学者先生から始めよう。これこそわたし（愚神）が，ある種の愚かさで彼らの営む悲しむべき仕事の不幸を軽減してやらなかったら，最もみじめな，最も憐れむべき，そして最も神々に憎まれそうな人種であることは疑う余地がありません。常に最も残酷な苦痛に曝され，飢餓と悪臭とが絶えず彼らに戦いを仕掛けます。学校というよりもむしろガレー船か，牢獄といった方が適しているところの，彼らの野蛮な仕事をするための恐ろしい場所，そこに閉じこもって多数の子どもに取り巻かれ，苦労のうちに年をとり，大声を出すために難聴になり，不潔のために蝕まれ，乾き上がってしまうのです」。これは16世紀当時のヨーロッパにおける学校教育に対する痛烈な批判となっている。

　こうした『痴愚神礼賛』のなかに示された「学校論」の延長線上で，『幼児教育論』のなかでは，次のように述べられている。「それは学校と呼ぶよりもむしろ牢獄と呼ぶにふさわしい。そこには鞭と棒で殴る音が鳴り響き，そこからは悲鳴とすすり泣きと，そして恐ろしい威喝の声以外の何ものも聞こえてこない。そんなところで子どもたちは学問を憎悪すること以外の何を学ぶであろうか」。

　ヒューマニストとしてのエラスムスが教育目標として掲げたのは自由人であり，

自由人にふさわしい教育の必要性を彼は説いたのであった。とりわけ，子どもの恐怖に訴える方法である鞭打ちに対しては，エラスムスは自身の体験に結び付けながら，愛情，親切，説明という方法に取って代わられるべきであることを主張している。こうして彼は伝統的教育に対して，ヒューマニズムの立場から，人間本性に基づく教育の必要性を強調した。

さて，自由人の教育論を説くエラスムスにとって，この人間本性はどのように理解されていたのか。『幼児教育論』には次のような一節がある。「樹木は，たとえそれが野生のまま，実を結ぶことさえない場合にも，おそらく樹木として生まれる。また馬はいかに役立たずであっても，馬として生まれる。しかし人間は，樹木や馬と異なり，そのままでは人間になることはできない。人間につくられるのである」。樹木や馬と異なる本性をもつ人間は，人間としてつくられるために，まさに教育という意識的な働きかけを要する。ここに「人間形成」という意味合いでのエラスムスの「教育」概念を明確に読み取ることができよう。

こうした教育論の文脈で，エラスムスは全面的な早期教育論，とりわけ，精神的な早期教育の重要性を強調する。エラスムスによれば，人間は幼児期には心身ともに柔軟性に富んでおり，記憶力も幼い頃のほうが強力であるため，善行の模倣という意味での早期教育の効果も期待し得るとし，人間の一生のうち幼児期は特異な時期に位置づけられる。

エラスムスは，トマス・モアとの親交を通して，イギリス人文主義運動にも影響を与えた。さらにルーヴァンに設立された三古典語学院で教鞭をとり，ヴィーヴェス等にも影響を与えている。

引用・参考文献

斉藤美洲『エラスムス』清水書院，1981年。

渡辺一夫編『エラスムス，トマス・モア』（『世界の名著17』）中央公論社，1969年。

渡辺誠一「エラスムス」（松島均・白石晃一編『現代に生きる教育思想7』），ぎょうせい，1982年。

（山本孝司）

more ラブレー，モンテーニュ——フランス人文主義の教育思想家たち

ラブレー（François Rabelais 1494-1553）はフランス・ルネサンスの代表的な人文主義者。彼は中流市民階級出身で，少年の頃に修道士となるが，成長の過程で人文学に関心を抱き，古典の研究に専心する。その間，エラスムスの書にも強く感化された。その後，医学を学び，リヨンの病院の医師となった。彼は著作を通じて，当時の社会，政治，宗教，文化そして教育に対して痛烈な批判を浴びせている。

そのなかでも有名なのが『ガルガンチュアとパンタグリュエル』（Gargantua, Pantagruel）である。この書は，『パンタグリュエル物語』（魁偉なる巨人ガルガンチュワの息子にして乾喉国王，その名字内に高きパンタグリュエルの畏怖驚倒すべき言行武勲の物語：通称『第二の書』(1532)）と『ガルガンチュア物語』（パンタグリュエルの父，大ガルガンチュワの無双の生涯の物語：通称『第一の書』(1534)）の二つの物語から成り，両物語では教育に関する批判と積極的提言がなされている。

『第二の書』では，形式主義化した古典主義教育を批判し，日常的で実用的な教育の重要性を説いている。特に教育内容として，自然に関する知識，地誌，医学に関する知識が重要視されている点で，彼の教育内容に関する見解は，近世における自然科学勃興の動きとも連関していると言える。彼によれば，学習は出来合いの知識の暗記ではなく，常に生活との関連で教えられなければならず，書物による学習も自然や生活と結び付けられる必要があった。この立場から，ラブレーは，古典語の教授ではなく，人間や事物を教育の中心に据えた。

『第二の書』の二年後に出された『第一の書』では，規律ある生活と保健衛生面でよく行き届いた配慮に基づく日課，体育の重視，実物による直観教授など，近世のヒューマニズムにおける教育理論・実践の典型が表されている。

ここに挙げた教育理論・実践にかかわる項目は，ラブレーのみならず16世紀のヒューマニスト全般に共有されていたというほうが正確であるが，ラブレーの功績は，これら個別に主張された項目を，まとまりをもった一つの教育観の形にした点にあ

る。

ラブレーに少し遅れてフランスでは，モンテーニュ (Michel Eyquem de Montaigne 1533-1592) が登場する。モンテーニュの教育論は『エセー』(1580) 全体を通じて展開されているが，そのなかでも彼の思想がよく表されているのが，『エセー』第1巻25章「衒学主義について」，26章「子どもの教育について」である。モンテーニュは「若者が15，6年間も学校にいて，帰ってくると，この上なく無能，不器用で付き合いも仕事もできない。

彼の学んだギリシア語とラテン語は彼を以前よりも一層自惚れの強い馬鹿者にしてしまう」と述べ，ラブレー同様に形式主義に堕した当時の古典語中心教育を酷評している。こうした教育に対する代案として，彼は「生徒をして事物を得しめよ，言葉は直ちにそれに従うであろう……誰でも心に明らかな生き生きとした考えを抱きさえすれば，何とかして外に表現したくなるだろう」と述べて，生徒による自主的な理解を重要視した。こうした生徒の自主的な理解を重要視するモンテーニュにとって，当時の学校はまさに「青春を閉じ込めておく牢屋」であった。ヒューマニストとして彼は，生徒を「生気溢れる逞しい少年に育て」るために，体罰によらない自由な教育の必要性を説いている。

16世紀におけるラブレー，モンテーニュといったヒューマニストの教育思想は，当時の学校教育に直接影響するものではなかったが，後の近代におけるロック，ルソーの教育思想へと通じる一つの水脈として位置づけることができる。また，教育方法において事物を重視する彼らの視点は，近代教授学を大成したコメニウスによっても受け継がれている。

引用・参考文献

モンテーニュ（原二郎訳）『エセー』岩波文庫，1965年。
ラブレー（渡辺一夫訳）『ガルガンチュワ物語——ラブレー第一之書』岩波文庫，1973年。
ラブレー（渡辺一夫訳）『パンタグリュエル物語〈第2之書〉』岩波文庫，1991年。

(山本孝司)

第1部　西洋教育思想史

more　ルター──神学に基礎づけられた教育改革

　宗教改革者として有名なルター（Martin Luther 1483-1546）は，ドイツのザクセン地方で生まれた。銅精錬業を営む父は，上昇志向が強く，息子を大学へ進学させて法律を学ばせたいと考えていた。ルターはその期待に応え，大学で法学を専攻するが，ある日，野原で雷に打たれるという劇的な体験をし，突如，修道士になろうと思い立った。そして，すぐに大学での法学研究を辞めて修道院に入門し，修行を重ねたのち，エアフルト大学にて神学研究に取り組んだ。その後，ヴィッテンベルク大学に移り，かの歴史的大事件の立役者となる。

　1517年10月31日，ルターの書いた「贖宥の効力を明らかにするための討論」（いわゆる「95箇条の提題」）がヴィッテンベルク城教会の扉に貼り出されたと言われており，それはまたたく間に全ヨーロッパに広がった。この文書では，教皇から発行される贖宥状には効力がなく，それを買っても罪の償いを免じられるわけではないと述べられている。当時，「箱の中へ投げ入れられた金が音を立てるや否や，魂が煉獄から飛び上がる」と説く聖職者もいたが，神の御心に反するこのような説教に対してルターは憤慨し，罪を認め罰を求め真に悔い改めることこそが，神の意志にかなう行為だと考えたのである。

　ルターは，この提題をめぐって異端裁判にかけられるが，死刑判決は免れ，ザクセンの選帝侯の後ろ盾の下でヴァルトブルク城にかくまわれたあと，そこで聖書のドイツ語訳に着手する。やさしい語彙で書かれたこの聖書は，これまで聖書を見たことがなかった庶民にもたちまち浸透していく。その後，ヴィッテンベルクに戻ったルターは，民衆への説教と執筆を精力的に進めていくが，この頃にはルターを支持する人々も増え，宗教改革の運動が各地で広がっていた。

　ルターは，この間，教育問題にも積極的に発言をしている。まず，「キリスト教界の改善についてドイツ国民のキリスト教貴族に与う」（1520）のなかでは，初等の学校においても大学においても，聖書を「一番たいせつな，また最も一般的な課目」として位置づけるべきだと述べている。

　また，「ドイツ全市の参事会員に宛てて，キリスト教的学校を設立し，維持すべ

26

きこと」（1524）では，家庭教育と学校教育の重要性を説いている。ルターによれば，子どもは父母を敬うべきであり，また，両親には子どもを養い教育する責務がある。ただ，両親の大部分は，自らの子どもを適切に育てることができないので，行政が最大限の配慮をして学校を設立すべきである。その学校では，少年少女が1日1～2時間（有能な子どもにはそれ以上の時間），聖書だけではなく，聖書読解の基礎として，ギリシア語などの語学や歴史，音楽，数学などの一般的な教養にも触れることができるようにすべきだと述べている。

さらに，「人々は子どもたちを学校へやるべきであるという説教」（1530）では，子どもに教育を受けさせ，それによって芽生えた信仰心のもと自らの職務に励めるようにすることは，親と統治者の双方に課せられた責務であり，とりわけ有能な子どもには，教会の財産や基金を使って学ばせるべきだと述べている。

以上により，ルターが義務教育の創始者であると言われることがあるが，金子晴勇によれば，「この場合の義務は受ける子どもたちよりも，両親や政治をあずかる人たちに向けて説かれ，教育を授ける義務があることを力説したことに注意すべき」である。また，ルターは，人々に教育を強制しようとしたわけではなく，子どもを学校へ行かせるよう勧めただけだという認識も必要である。

最後に，ルターの教育思想は，その神学に根ざしており，「教育はどのような人間形成を目指すべきか」という問いについての手がかりを与えてくれる。魂の次元へと目覚め，自己の行為をたえず悔い改め，隣人を愛することのできる人間の育成——これはキリスト教という一宗教を超え，吟味する価値のある教育上の課題のように思われる。

引用・参考文献

金子晴勇『教育改革者ルター』教文館，2006年。

徳善義和『マルティン・ルター——ことばに生きた改革者』岩波新書，2012年。

ルター（徳善義和ほか訳）『ルター著作選集』教文館，2005年。

ルター（徳善義和ほか訳）『ルター著作集第1集9』聖文舎，1973年。

（石村華代）

Ⅲ　近代国家の形成と教育

中世のヨーロッパ世界では，ローマ教皇を頂点とするキリスト教によって一定の秩序が保たれていたが，近世（15世紀末から18世紀末）初期に生じたルネサンス・大航海・宗教改革などにより社会に劇的な変化が起こる。数々の戦争や紛争を経て，ヨーロッパでは16〜17世紀に主権国家体制が成立した。

　16世紀のイギリスでは，国教会がローマ教皇から独立し，エリザベス1世のもとで急速な経済発展を遂げる。フランスでも17世紀にはルイ14世のもとで国家制度が整えられ，国王が絶大な権力を有する絶対君主制がとられた。しかし，市民階級がだんだんと力をつけ，ピューリタン革命及び名誉革命（イギリス），フランス革命を通じて，憲法（あるいはそれに類するもの）に基づいた政治を行う立憲政治が成立した。このような変革の思想的基盤となったのが，自らの理性に基づいて既存の権威や慣習を疑い，民衆を無知から解放しようとする啓蒙主義である。名誉革命を支持したロックは，その教育論においては，理性によって欲望を抑制し適切な習慣を身に付けさせることを重視した。また，人民主権を唱えたルソーは，権威的な宮廷文化を批判し，自然の歩みに従う教育を構想した。

　フランス革命に関わったコンドルセは，啓蒙主義の理念を教育制度の次元においても実現しようとした。彼は，すべての国民が自らに与えられている権利を知り，それを行使できるよう，すべての国民に教育の機会を保障すべきだという「公教育」の理念を唱えた。コンドルセによる「無償・義務・世俗」という近代公教育の三原則を継承し，アメリカのマサチューセッツ州で公教育を整備したのがホーレス・マンである。一方，18世紀後半にすでに産業革命が始まっていたイギリスでは，オーエンが児童労働を制限し，教育によって適切な性格形成を図る必要性を唱えた。

（石村華代）

3 ロック──紳士教育論と『教育に関する考察』

【キーワード】 紳士教育　タブラ・ラサ　身体の教育　徳育の重視

■生　涯

　16世紀後半、エリザベス1世治世下のイギリスでは、新しく勃興してきたジェントルマン（農民の上に位する地主）や貿易に従事していた商人たちの代表が集まりつくっていた議会と女王との間は協調的なものであった。しかし、17世紀に入りエリザベス1世のあとをうけたジェームズ1世の時代になると、議会の王に対する抵抗が高まるようになり、その子チャールズ1世はフランスの絶対君主制に傾倒し、王と議会との争いはいっそう激しいものになった。その後、王党派（貴族、保守的なジェントルマンなど）と議会派（大商人およびこれと関係の深い貴族やジェントルマンなど）との内乱にはじまるピューリタン革命（1642-49）が起こり王は処刑され、さらに、貴族やジェントルマン、大商人や金融家らが参加した名誉革命（1688-89）を経て、議会の立法府としての地位が確立されていく。

　ジョン・ロック（*John Locke* 1632-1704）はサマセット州の小村リントンで生まれた。両親はともにピューリタンであり、父親は弁護士でサマセットの治安判事書記官であった。オックスフォード大学で学び大学講師となるが、初代シャフツベリ伯と知り合い、同家の医師、家庭教師、そしてシャフツベリの政治活動を助ける秘書となった。だが、シャフツベリの政治的失脚後、逮捕を恐れたロックはオランダに亡命する（1683）。このオランダ亡命中に友人に求められ、その子の教育のために書簡を送り続けた。それをまとめ出版したものが『教育に関する考察』（1693）である。この教育論についてロックは「あるジェントルマンのご子息のために、いくらか述べてみたにすぎません。その子どもは当時まだ非常に幼かったので、わたしはただ白紙のようなものとして」考えておりました、と述べている。同書は、将来イギリスのジェントルマンとなる

31

第1部　西洋教育思想史

人のための教育に関する考察である（紳士教育論）。この考察では，ジェント
ルマンは治安判事や国務大臣などの地位に就き得るものと考えられている。

　ロックは名誉革命後に帰国し（1689）執筆活動を続けた。哲学上の主著『人
間知性論』（1690）では，当時有力であった生得観念があるという見解を否定
し，生まれたときの人間の心は何も書かれていない白紙のようなものであり，
経験がそこに観念を書き込むのだと説いた。白紙は他の著作でタブラ・ラサ
（白紙，何も刻みつけられていない板の意）と表現され，アリストテレスに由
来するこの語はロックの用語として有名になった。

■ 教育論

　ロックの教育論は身体の健康についての考察から始まる。「健全な精神と健
康な身体のふたつをもっている人は，それ以上望むものはほとんどないでしょ
う。」子どもの精神は，ちょうど水の流れのように，あちらこちらへと容易に
進路を変えやすいものであり，この精神というものが重要な部分であると考え
られることから，子どもの内面に主要な注意がはらわれなければならない。し
かし，肉体のことも無視するわけにはいかない。わたしたちが仕事を果たすう
えで，また幸福であるために，健康がどれほど重要であるかについてとりたて
て説明するまでもないことである。子どもの健康のための規則は「ジェントル
マンたるべき者は，質素な小作人や独立自営農民のような仕方で自分の子ども
を扱うべきである」ということである。子どもの体質というものは，甘やかし
たりたいせつにしすぎるとだめになるか，少なくとも害をこうむる（身体の教
育）。

　そして，将来の人生に常に影響をおよぼす子どもの精神の形成について大き
な注意をはらわなければならない。精神がもっとも柔軟でもっともたわみやす
い時期に，子どもが規律に従うようにしなければならない。あらゆる徳の基礎
は，精神の強さという点にある。精神が強い人間は自分の欲望を拒否すること
ができ，たとえ欲望が他の方向にむいていても，理性が最善の方向として示す
ものに素直に従うことができる。逆に，甘やかされて育つ子どもは，人を叩い
たり，人の悪口を言ったりすることを教わっているに違いない。泣いて欲しが

ればどんな物でも与えられ，好きなことはなんでもさせてもらってきたに違いない。

　ロックは砂糖菓子とか酒とか，それぞれの年齢や好みに応じた欲望をもつことに否定的なのではない。「そうした欲望を理性の支配と抑制の下に置かないことこそが間違いなのです。その違いは，欲望を抱いているとかいないとかいうことにあるのではなく，そうした欲望のうちにあって，自らを統制し，拒絶する力があるかどうかにあります。」

　また，あらゆる美徳の原理は「理性が許さないわたしたち自身の欲望を満たすことを拒絶するだけの力をもつということにある」。そして「この力は習慣によって得られ，さらに強められるもの」である。ロックは習慣による違いについて次のような例を挙げている。食卓に着いて，与えられたものを満足して食べている子どもたちを見たことがある。また別の場所では，食卓の子どもたちは，うるさく泣きわめいては目の前にあるものをなんでも欲しがり，どのお皿からも真っ先に与えられないと気がすまない様子であった。このような大きな違いが生じた理由として，一方では，子どもが泣いたり欲しがったりするとすぐ与えるという習慣をつくり，もう一方は，そうしないですむような習慣をつくってきたこと以外に何か考えられるであろうか。子どもの気ままにまかせた無軌道な食欲には応じるべきではない。

　しかし，子どもをあまりにも厳しく扱いすぎて，その精神が縛られて卑屈になったり，あるいは意気消沈して挫折してしまうと，子どもはすっかり活気を失い勤勉さがなくなり，以前よりも悪い状態に陥ってしまう。精神が落ちこんでいて，おどおどして意気地がなく，気概がないようでは，精神を高揚させるのは困難であり，何をやっても成功することは滅多にないからである。「子どもの精神をゆったりさせ，活発で自由にしておき，しかも同時に彼が心ひかれる多くのことを抑制し，彼にとって容易でないことがらへと誘導していく方法を発見している人，すなわち，これら一見して矛盾しているように見えることをどのように調整すればよいかを知っている人は，わたしの考えでは，教育の真の秘訣を心得ている人です。」

　教育はまた，世の中の悪徳から子どもを守らなければならない。青年が世の

中に出る前に，世の中のありのままの姿を彼に教えておくことが，彼を過ちに陥らせないための最善の方法である。世の中にはびこっている悪徳を徐々に彼に知らせ，彼を堕落させることを自分の任務と心得ているような人たちの熱心さや意図などについても警告しておかなくてはならない。こういう連中が弄する手練手管と手順についても話しておくべきであり，また時には，そうしたことのために身を滅ぼしつつあり，あるいはすでに堕落させられてしまっている人たちの悲劇的な，あるいは滑稽な実例を示してやることも必要である。そうした実例を見れば，彼はあらかじめ警戒することができるし，また友情や尊敬をよそおって人びとを堕落させたり，堕落に瀕している人びとを食い物にしているような人たちが，いかにしてそのような人びとを軽蔑して見殺しにしてしまうかを悟らせることができる。

　しかし，教師がこの教育方法を活用する際には，生徒についての判断力が必要となる。世の中にはびこっている悪徳を若者に知らせること自体が，そうした悪徳を教えることになってしまうからである。やり方によってはそれは大いにありうることである。それだからこそ子どもの教育には，世の中のことを知っており，生徒の気質や傾向，弱点などを判断することができる思慮深い有能な人物が必要なのである。

　教育には，子どもの気質や傾向を観察する仕事がある。観察は，子どもがなんの束縛もなく遊んでいるときとか，親に見られていないと思っているときにするのがよい。その子の支配的な感情は何か，どのような目立った傾向があるのか，乱暴な性格なのかそれともおとなしい性格なのかなどを観察するようにすべきである。このようなことは子どもによって違い，それに応じて教育方法も異なっていなければならないからである。

　子どもについてよく見かける一つの傾向がある。それは，子どもが何か弱い生き物を手にしたとき，それを虐待する傾向である。これは，子どもたちの場合，充分気をつけねばならないことで，もし彼らがこのような残酷な傾向をもっていることがわかったら，それとは反対の扱い方を教えてやらなくてはならない。というのは，生き物をいじめたり，殺したりする習慣は，しだいに子どもたちの心を無慈悲にしていくからである。また，どんなものでも，それが他

のもっと貴重なものを保護するためであるとか，そうしたものに役立てるためでないかぎり，決してそれをそこなったり壊したりしないように教えなくてはならない。これに関連してロックは次のように語る。「人類全体とその所有物を保護することが各人の義務であると同時に信条となり，なおかつそれが宗教と政治と道徳を律する真の原理となったなら，おそらくは世界は現在よりもはるかに平穏で，暮らしやすくなるでしょう。」

　教育はまた人生への準備である。人生は多くの災難にさらされているので，私たちが小さな傷を受けるたびに，いちいち神経質になってはいけない。私たちの精神が災難に屈することさえなければ，さして気にもならないし，害になることはきわめて少ないのである。そのような精神のたくましさと落ち着きは，人生のありふれた災厄や突発的な事故に対して私たちがもつことのできる最良の武器である。そして，それは何よりもまず，修練と習慣によって獲得される気質であるので，早くからその修得にとりかかる必要がある。幼いときからこれを教えられた人は幸福である。また，勇気というものは，私たちが恐れる危険や感じている害悪に対して，私たちを支えてくれるもので，私たちの現在の生活のようにあらゆる方向からの攻撃にさらされているような状態では，大いに役立つものである。したがって，子どもにはできるだけ早くから勇気をもたせて武装させておくことが望ましい。

　ロックは学問教育よりも人間形成を重視する。読んだり書いたり学んだりすることは必要であるが，それが教育の主たる仕事ではない。精神がしっかりしていなければ，学識があることはかえって彼らをいっそう愚劣な悪い人間にしてしまうのに役立つだけである。「子どもには学習させなくてはなりませんが，それはもっと重大な人間的な諸性質の形成に役立つかぎりにおいて，二番目に重要であるということです。」教師は，子どもの心がまだ傷つきやすく柔軟な年頃に，学問よりも徳のほうがはるかに望ましいものであるということを心得ている人物でなければならない（徳育の重視）。

引用・参考文献

ロック（北本正章訳）『子どもの教育』原書房，2011年。　　　　　　　（中沢　哲）

第1部　西洋教育思想史

4　ルソー──消極教育と『エミール』

【キーワード】　子どもの発見者　消極教育　身体の鍛練と理性の育成

■生　涯

　18世紀ルイ15世の時代のフランスでは，植民地と本国との貿易が栄え，貿易商や船主などが巨富を得，また農業生産も増加し大規模な資本主義的経営を行なう富農層も現れた。こうしたブルジョワたちがフランスの富をにぎり，パリでは上層ブルジョワのサロンが発達した。そこでは文芸や哲学のみならず，宗教，科学，政治問題も議論されるようなところもあった。このような時代に，同時代フランスの知性の代表者であることを自他ともに認める，ディドロ，ダランベールなどのいわゆる「百科全書派」を核としたフィロゾフ（哲学者）と呼ばれる人たちが登場した。彼らは，人間を他の動物から区別する理性に絶対的な信頼をおき，教育目的としての理想的人間像を理性的人間に見ようとした。

　ジャン・ジャック・ルソー（Jean Jacques Rousseau 1712-1778）はジュネーヴの時計職人の子として生まれた。16歳でジュネーヴをあとに放浪の生活，音楽教師，家庭教師，ヴェネチア駐在フランス大使の秘書などになる。その後，ディドロと交わりダランベールとも知り合い，そして「学問と芸術の復興は習俗の純化に寄与したか」と問う懸賞論文に『学問芸術論』（1750）が当選。1755年には『人間不平等起源論』，1762年には「人間は自由なものとして生まれた，しかもいたるところで鎖につながれている」という有名な文句からはじまる『社会契約論』，そして同年「教育について」を副題とする『エミール』が出版される。その後も各地に移り住みながら多くの著作を残した。

■自然と人間

　ルソーは『エミール』冒頭を，自然的なものと人間自身によるものとの対比

36

からはじめる。「万物をつくる者の手をはなれるときすべてはよいものである
が，人間の手にうつるとすべてが悪くなる。」ルソーはこれを次のようにも言
う。人間はなにひとつ自然がつくったままにしておかない。人間そのものさえ
そうだ。人間を馬のように調教しなければならない。人間を庭木みたいに好き
なようにねじまげなければならない。

　人間は教育によってつくられる。子どもには「自然の歩み」にしたがった教
育が必要である。ルソーは自然の歩みにしたがう子どもの教育として，いわゆ
る消極教育論を展開していく。

■ 子ども

　ルソーによれば，「理性の時期」が来るまでは，人は道徳的存在とか社会関
係とかいう観念をけっしてもつことはできない。だから，そういう観念を言い
あらわすことばを用いるのはできるだけ避けなければならない。子どもがはじ
めにそういうことばに誤った観念を結びつけると，それを消しさることができ
ない，あるいは，やがてできなくなるからである。子どもの頭にはいりこんだ
最初のまちがった観念は，子どものなかで誤謬と悪徳の萌芽となる。

　ルソーは子どもと議論することによる教育に否定的である。理性は人間のあ
らゆる能力のなかで「もっとも困難な道を通って，そしてもっともおそく発達
するものだ」。「すぐれた教育の傑作は理性的な人間をつくりあげることだ。」
子どもが道理を聞きわけるものなら教育する必要はない。ルソーは人々が子ど
もに対して行なっている道徳教育を次のような対話で表現している。［先生］
そういうことをしてはいけない。［子ども］なぜこういうことをしてはいけな
いのですか。［先生］それは悪いことだから。［子ども］悪いこと。どういうこ
とが悪いことなのですか。［先生］とめられていることです。［こども］とめら
れていることをすると，どんな悪いことがあるのですか。［先生］あなたはい
うことをきかなかったために罰をうける。（途中省略）［子ども］ぼくはうそを
つきます。［先生］うそをついてはいけない。［子ども］なぜうそをついてはい
けないのですか。［先生］それは悪いことだから。……

　ルソーによれば，これは避けがたい循環である。人間の義務の理由をさとる

第1部　西洋教育思想史

ことは，子どもにできることではない。そしてルソーは語る。「自然は子ども
が大人になるまえに子どもであることを望んでいる。」「子どもには特有のもの
の見方，考え方，感じ方がある。そのかわりにわたしたちの流儀を押しつける
ことくらい無分別なことはない。」当時，子どもをあくまで人間として理性的
でなければならないものとみなし，いわば，子どものうちに大人を求めるフィ
ロゾフらの考え方があった。ルソーは子どもは大人とは違った存在であり，子
どもには子ども固有の感じ方，考え方があることを主張する。こうしたことな
どからルソーは「子どもの発見者」とも異名される。

　ルソーは次のようにも言う。義務の理由は子どもの年ごろには考えられない
から，子どもに心からそれを感じさせることはどんな人にもできない。しかし，
罰をうけはしないかという心配，救しが得られるという希望，うるさくきかれ
ること，どう答えていいかわからない当惑が，子どもに，問いつめられたこと
をすべて打ち明けさせる。人は子どもを説得したと思っているのだが，それは，
子どもがただ，やりきれなくなったり，おじけがついてしまったりしただけの
話である。そして，子どもにわかりもしない義務を押しつけることによって，
褒美をせしめるため，あるいは罰をまぬがれるために，ごまかしたり，うそを
ついたりすることを子どもに教えることになる。さらに，子どもはひそかな動
機をいつも見せかけの動機でかくして，たえずあなたがたをだまし，あなたが
たが子どものほんとうの性格を知ることをさまたげることになる。

　また，子どもを教育しようと考えて以来，人は子どもを導いていくために，
競争心，嫉妬心，羨望の念，虚栄心，貪欲，卑屈な恐怖心といったようなもの
ばかり道具に使おうと考えてきたのだが，そういう情念はいずれもこのうえな
く危険なもので，たちまちに醗酵し，体ができあがらないうちにもう心を腐敗
させることになる。子どもの頭のなかにつぎこもうとする先走った教訓のひと
つひとつは，子どもの心の底に悪徳をうえつける。無分別な教育者は，なにか
すばらしいことをしているつもりで，善とはどういうことであるかを教えよう
として子どもを悪者にしている。そのあとで彼らは私たちにむかっておごそか
な口調で言う。人間とはこうしたものだ。そのとおり，君たちがつくりあげた
人間とはそうしたものなのだ。

38

Ⅲ 近代国家の形成と教育

■ 消極教育

　そしてルソーは「教育ぜんたいのもっとも重要な，もっとも有益な規則」として逆説を語る。それは時をかせぐことではなく，時を失うことだ，と。人生のもっとも危険な期間は生まれたときから12歳までの時期である。それは誤謬と悪徳が芽ばえる時期で，しかもそれを絶滅させる手段をもたない時期である。そして，その手段が手にはいったときには，すでに深い根を張っていてもはやそれを抜きさることができない。

　初期の教育は純粋に消極的でなければならない。それは徳や真理を教えることではなく，心を悪徳から，精神を誤謬から守ってやることである。初期の教育では徳や真理を教えることはしない。道徳的存在や社会的関係についての観念が，子どものなかで誤謬と悪徳の萌芽となったり，子どもには理解できない義務を押しつけることによって，子どもに，ごまかしたりうそをついたりすることを教えることになるなどはすでに見たとおりである。初期の教育は，徳や真理を教えないことによって子どもの心を悪徳から，精神を誤謬から守る消極教育でなければならない。消極教育にはこのように子どもの心や精神を守るという働きがある。

■ 身体の鍛錬と理性の育成

　そしてルソーは言う。「肉体を，器官を，感官を，力を訓練させるがいい。」「子どものうちに子どもの時期を成熟させるがいい。」「労働させ，行動させ，走りまわらせ，叫ばせ，いつも運動状態にあるようにさせるがいい。力においては大人にするがいい。そうすればやがて理性においても大人になるだろう。」ただし，この方法によっても，たえず指図をして，行きなさい，来なさい，じっとしていなさい，これをしなさい，あれをしてはいけませんなどと言っていたのでは，子どもを愚鈍にすることになる。いつもあなたの頭が彼の腕を動かしていたのでは，彼の頭は必要でなくなる。

　ルソーによれば，未開人は，命じられた仕事があるわけではなく，なんぴとに服従することもなく，自分の意思のほかにはどんな掟ももたない。彼は，その生活のひとつひとつの行動にさいして推論を働かせずにはいられない。一つ

第1部　西洋教育思想史

の動きをするにも，一歩を踏みだすときにも，あらかじめその結果を考えずにはいられない。そこで，体を動かせば動かすほど，彼の精神はいよいよ目覚めてくる。彼の力と理性はあいともなって発達し，たがいに助けあって伸びていく。

　エミール（この教育論のなかで成長する少年）は，この未開人に似ている。この「自然の生徒」はたえず動きまわっているから，かならず多くのことを観察し，多くの結果を知ることになる。はやくから豊かな経験を獲得する。教えてやろうなどという者はどこにも見あたらないので，ますますよく自分で学ぶことになる。こうして肉体と精神が同時に鍛えられる。いつも自分の考えで行動し，他人の考えで行動することはないから，彼はたえず二つの働きを一つに結びつけている。強く頑健になればなるほど分別と判断力のある人間になる。それは，両立しないと考えられているもの，しかもあらゆる偉人がたいていはあわせもっているもの，つまり肉体の力と魂の力，賢者の理性と闘技者の活力を将来もつための方法である。ルソーは若き教育者に言う。あなたはまず腕白小僧を育てあげなければ，賢い人間を育てあげることにけっして成功しないだろう。このようにルソーにあっては身体の鍛練と理性の育成はあいともなっている。

　しかし，この初期の教育には大きな不都合があるという（初期の教育はここで紹介したものだけではない）。それはエミールが凡俗な人の目には腕白小僧としか映らないということである。教師というものは，弟子の利害よりも自分の利害を考えている。時間をむだにしてはいないこと，あたえられるお金を正当にもうけていることを証明しようと努力する。彼は，すぐにならべたてることができる知識を，いつでも人にひけらかすことができる知識を弟子に与える。弟子に教えることが役にたつかどうかはどうでもいい。それが容易に人の目に見えさえすればいいのである。彼は，やたらに，見さかいもなく，たくさんのくだらないことを生徒の記憶につめこむ。子どもを試験してみる段になると，そういうしろものを子どもに広げさせる。子どもがそれをならべてみせると，人は満足する。

　初期の教育の終わりに，エミールは次のように述べられる。彼は子どもとし

ての成熟期に達している。彼は子どもとしての生活を生きてきた。彼はその完成を自分の幸福を犠牲にして手に入れたのではない。その年齢にふさわしい理性を完全に獲得しつつ，彼の素質が許すかぎりにおいて，彼は幸福であり，自由であったのだ。

引用・参考文献

押村襄・押村高・中村三郎・林幹夫『ルソーとその時代』玉川大学出版，1987年。

ルソー（今野一雄訳）『エミール』岩波書店，1962年。

（中沢　哲）

more コンドルセ——国民教育と『公教育に関する五つの覚え書き』

　フランス革命の時代に生き，数学者として，政治家として活動しながら，公教育の父とも称せられるフランスの教育思想家にコンドルセ (Marie J. Condorcet 1743-1794) がいる。コンドルセの教育思想の特色として，教育の政治・宗教からの独立，教育の機会均等，全公立学校の無償制などが挙げられるが，ここでは，革命勃発後の1791年に発表された『公教育に関する五つの覚え書き』から，その教育思想の本質をなす「公教育は国民に対する社会の義務である」という主張に関連する思考を三点紹介する。

　第一は「権利の平等を実際的なものとする」という教育目的である。コンドルセによれば「人間はすべて同じ権利を有すると宣言し，また法律が永遠の正義のこの第一原理を尊重してつくられていても，もし精神的能力の不平等のために，大多数の人がこの権利を十分に享受できないとしたら，有名無実にすぎなかろう」。権利の平等を維持するためには，法律によってその享受を保証されている権利を，他人に盲従することなしに自分で行使できるだけの教育を各人が受けていることを必要とする。「所有権のことをきめてある基本的な法律を教えられていない人は，これを知っている人と同じ仕方ではこの権利を享受しえない。両者の間に争いが生じた場合に，かれらは対等の武器では戦えないのである。」

　革命議会におけるコンドルセの教育計画として知られる『公教育の全般的組織に関する報告および法案』(1792) では，次のような人が示される。「法律はわたくしに権利の完全な平等を保証しているが，わたくしにはこれらの権利を認識する手段が与えられていない。わたくしは法律にのみ従っていればよいのであるが，無知のためにわたくしは周囲の人々の誰にでも従属させられてしまう。」コンドルセは「今後，わが国においては，ただ一人の人間といえども」このような人はあってほしくないと考える。

　第二はヨーロッパの現状についての認識である。コンドルセは「教育の不平等は専制の主要な源泉の一つである」という歴史認識を示す。例えば「エジプト人やインド人の社会では，宗教の神秘と自然の秘密とについての知識を保有していた階級

が，人間の想像力が考え得る最も絶対的な専制政治を，不幸な人民に対して行使するに至った」。少数の階級による知識の独占的な保有が，その専制政治を支えていたということである。ヨーロッパの国々では，今日はこの種の危険を恐れる必要はないとされるが，無知や，その結果としての指導者たちへの隷従状態が大多数の者の間に存在しているという。このような状態では，自由や平等は人々がその使い方を知っている権利ではあり得ないという。

　第三は「有用な知識の総量を社会に増すために」という目的についてである。コンドルセはこれを次のように述べる。「人間が教育によって，正しく推理し，人が教えてくれる真理を知るようになり，人が自分をそれのとりこにしようとたくらむ誤謬をはねのけることができるようになればなるほど，そして国内に学問が次々と発達し，広汎な人々の間にそれが普及するようになるならば，そうした国民は，よい法律と賢明な行政，および本当に自由な憲法を手に入れ，守ってゆこうと望むにちがいない。」このようにコンドルセは考えて，すべての人々に，その知力と，人々が学習のために用いることができる時間との多少に応じて，人々が到達し得る知識を獲得する手段を提供することもまた，社会の一つの義務であるとする。

　以上，ここでは，公教育は社会の義務であるという主張に関連する思考を三点紹介したに過ぎないが，コンドルセの教育思想は，今日においても，公教育の問題を考察する際に立ち戻るべき近代公教育の一大源流としてある。

引用・参考文献

　コンドルセ（松島釣訳）『公教育の原理』明治図書，1962年。

（中沢　哲）

more オーエン──環境決定論の教育思想

18世紀のイギリスにおける産業革命は、教育における新たな展開をもたらす。それは主として民衆児童教育の整備としてであった。

産業革命は、その負の遺産として、労働者階級の悲惨な状況を生起させた。そのなかで、とりわけ児童労働の問題は深刻であった。工場における機械労働が、大量の未熟練の低賃金労働者を発生させた。こうした労働者の

多くは子どもたちによって占められた。低年齢の児童による低賃金で長時間の労働がこの時代の工場を支えていた。また、工業化や都市化は、一面において、スラムを発生させ、家庭崩壊を促進させ、子どもたちの教育環境の劣悪化をもたらした。

イギリスでは、産業革命以前には、民衆児童の教育は、教会や私的な慈善団体を中心に為されていた。しかし、子どもたちによる過酷な労働やそれに付随した彼らの道徳的退廃は、慈善団体の手によるもの以外にも、数多くの教育機関を誕生させた。例えば、都市の工場労働に従事する夫婦の子弟を預かるデイム・スクール (dame school)、孤児や貧児を収容し、宗教教育と若干の職業教育を与える授産学校等である。オーエン (Robert Owen 1771-1858) が自ら経営するニュー・ラナークの工場に付設した幼児学校「性格形成学院」(the New Institution for the Formation of Character) もその一つである。

オーエンは、18世紀70年代にノース・ウェールズの小さな手工業者の家庭に生まれ、まさに産業革命の光と影を経験した人物である。10歳から18歳までスタンフォード、ロンドン、マンチェスターの各地で商店店員として働き、20歳からはマンチェスターで小規模の工場の監督にあたる。その後、29歳から25年間にわたり、ニュー・ラナークにおいてスコットランド最大の紡績工場を経営した。その間、彼は自らの経営する工場の労働者の生活改善を意図した様々な取り組みに着手している。

オーエンは、イギリスの社会主義者、社会運動家として位置づけられているが、教育改革家としての一面をもつ。彼は、子どもの成育にとって望ましい環境整備の重要性を認め、教育による犯罪抑止や貧困問題の解決を企図した。具体的には、低年齢の子どもの雇用や子どもの長時間労働の禁止、雇用する子どもに対する基礎的

な学習機会の保障を雇用主の責任として課すことを提言し，これらの項目を盛り込んだ工場法の成立に尽力した。（ちなみに工場法は1802年に制定され，その後改正が重ねられ，1833年には，雇用主に対して，13歳未満の子どもに1日最低2時間学校へ出席させることが義務づけられた。）

　オーエンは，1813年に刊行した性格形成に関する試論を皮切りに四つの試論を発表し，1816年には『新社会観——性格形成論』（*A New View of Society, Or, Essays on the Principle of the Formation of the Human Character, and the Application of the Principle to Practice*）として1冊にまとめている。そのなかで彼は次のように述べている。「適切な方法が用いられるならば，どのような地域社会でも広く世界全体でさえも，最も善良な性格をも最も劣悪な性格をも，最も無知な性格をも最も知性的な性格をも，どんな性格をも備えることができるようになるものであろう」（第1試論）。この言葉が示すように，彼の教育理論は，子どもたちを取り巻く社会の性格が，彼らの性格形成に決定的な影響を及ぼすという環境決定論に基づく性格形成原理を骨子とする。このような立場から彼は，社会の性格そのものを，適切な方法によって改革することの重要性を説く。「……この環境を秩序，規則正しい節制，勤勉の習慣を形成するよう考えられた環境に置き換えよ。そうすればこの習慣は形成されるであろう。公平と正義の手段を用いよ，そうすればすみやかに下層階級の完全な信頼が得られよう。……このような方法が実践に用いられたときはいつでも，犯罪とあらゆる有害で不正な習慣でさえ最も強力に効果的に矯正されるであろう」（第2試論）。

　このような教育理論の実践は，1816年に創設された彼の「性格形成学院」において試みられている。この学校は，1歳半から6歳までの幼児を対象とし，具体的な教育内容としては，お話，博物，地理，遊び，ダンス，音楽などの活動が含まれ，方法として実物教授が採用されていた。

　このような学校における習慣形成による国民の性格形成，公衆の精神的統御という発想は，19世紀アメリカにおける「コモン・スクールの父」ホーレス・マンの思想にも受け継がれる。

引用・参考文献

オーエン（斎藤新治訳）『性格形成論——社会についての新見解』明治図書，1974年。

（山本孝司）

more ホーレス・マン──アメリカ公立学校の父

いわゆる「公教育」は,各国において19世紀後半に整備された。アメリカにおいてはマサチューセッツ州において,1852年に義務教育法が制定されることによって成立した。アメリカにおいて公教育成立の立役者となったのがホーレス・マン (Horace Mann 1796-1859) である。

マンは,教育行政官の立場から,19世紀アメリカの教育改革に着手した。元々は弁護士資格をもつ法律家であったが,31歳の時にマサチューセッツ州において下院議員に選出され,以来,上院議員,上院議長などを歴任した。1837年に「マサチューセッツ州教育委員会」(Massachusetts State Board of Education) が創設された折には,「教育長」(Secretary of the Board of Education) に就任し,数々の教育改革に当たる。その後1852年より,アンティオク大学で教鞭をとり,初代学長を務めた。

教育長在任中に『マサチューセッツ州教育委員会年報』(Annual Report of the Board of Education) および自ら編集した『公立学校雑誌』(Common School Journal) の刊行,「州立師範学校」(State Normal School) の設立等を通して公教育の普及に努めた。そして彼が教育長の職を退いて3年後には「マサチューセッツ州義務教育法」(Massachusetts Compulsory School Law) が制定され,アメリカにおける公立学校整備が完遂された。

マンが整備した公立学校 (common school) は,公営の非宗派,無償,義務制に基づく,州のすべての子どもが共通に通う学校として構想された。こうした原則は,今日の公教育の前提となるものである。マンの構想した公立学校は,それまでに存在していた学校,例えば慈善学校や貧民学校,日曜学校等とは根本的に異なっていた。そのこともあってか,人々の賛意を得るまでには,マンはそれなりの抵抗に遭遇した。

無償という理念については,貧民のための慈善的な学校というイメージから,公立学校設置に対する反対意見もあった。またこの種の学校が税金によって運営されるため,他人の子どものための教育課税が不当であるという反対意見もあった。さ

らに，とりわけ公立学校の非宗派性をめぐっては，カトリック教徒からの反対が強かった。

　アメリカにおいては，植民地時代以来，学校教育の中核には宗教教育あるいはキリスト教道徳教育が据えられていた。建国父祖たちが入植した当初は，ピューリタニズム，そのなかでも会衆派（Congregational）が多数派を形成していたが，19世紀には移民の増加により宗派も多様化していた。こうした条件下で，マンは公立学校から宗派性を排除し，キリスト教の共通原理に基づいて解釈なしに聖書を教えることで，公教育の普及を企図した。ただし，こうした非宗派性はプロテスタントにとっては許容されたが，カトリックによっては非難された。

　マンによる公立学校設立の構想は，宗教史に関連づけて眺めるとき，キリスト教の世俗化の流れのなかに位置づけることもできる。それはマン自身の信仰が影響するところも少なからずあったと言える。彼はプロテスタントのうち，19世紀当時もっとも自由主義的な宗派であったユニテリアン（Unitarian）に属していた。ユニテリアンは，理神論に属し，人間の自由意思を重視する理性尊重のヒューマニズム的性格を有していた。そして彼らは，すべてのキリスト教徒が宗教的真理の様相を所有するとして，非宗派主義を推し進めた。マンの公立学校構想における教育課程も，宗教的教義の境界が曖昧化され，「キリスト教の共通要素」をもって宗教教育とするという点でユニテリアン的である。

　教育方法に関する見解にも，彼のこうしたユニテリアン的性格を見出すことができる。その代表的なものは体罰に関してである。マンは愛を媒介とした子どもたちの自律的人間形成を推奨する。マンは言う。「教師が新入生との間に愛情の関係を結び得るまでは，そして子どもたちが日々物珍しく喜ばしい思想を授けてくれる人に対して，常に愛情を感じるようになるまでは，教師は時折彼らを拘束したり，罰したりすることが必要である。しかし，やがて教師の愛と知識の愛が罰の代用物となる」（『第7教育年報』）。こうした彼の発言も，人間理性に対する楽観的なまでの信頼があったからに他ならない。

引用・参考文献

川﨑源『ホーレス・マン研究——アメリカ公立学校発達史』理想社，1959年。
マン（久保義三訳）『民衆教育論』明治図書，1980年。
渡部晶『ホーレス・マン教育思想の研究』学芸図書，1981年。　　　　（山本孝司）

Ⅳ　近代教育学の確立

近代という時代区分を決定的なものにするのは，18世紀後半からの産業革命と，二つの市民革命（アメリカ独立革命・フランス革命）である。

　イギリスでは，産業革命によって都市に大量の工場労働者が集まり，スラムを形成した。このような貧民層の子どもたちを収容し，勤勉な労働者へと教育していくための方法として開発されたのが，ベルやランカスターによって開発されたモニトリアル方式であった。これは，モニター（助教）に選ばれた優秀な子どもが他の子どもに教えたり指示したりすることによって，一人の大人が何百人もの子どもを管理できる効率的なシステムであった。モニトリアル方式はのちにギャラリー方式（一人の教師が数十人の生徒と向かい合い教えるスタイル）へと移行したが，「学級」という単位で子どもたちを集団化し，その学習を管理するという発想は，現代社会にも引き継がれている。

　一方，ヨーロッパの大陸部でこの時代を生きたドイツの哲学者カントは，「人間は，教育によって初めて人間となる」と考え，啓蒙主義の立場から教育の必要性を説いた。またペスタロッチは，フランス革命前後のスイスで，貧しい子どもや孤児と寝食を共にし，教育活動にその生涯を捧げた。彼は自らの実践をもとにして初等教育の理論的基礎を築き，ヘルバルトやフレーベルにも大きな影響を与えた。彼らはペスタロッチを慕いつつも，その実践の課題に気づき，それに向き合うことによって，独自の理論を展開していった。ヘルバルトは教育学を体系化し，知識を子どもに系統的に教える方法を開発したし，フレーベルは，乳幼児のもつ可能性に着目し，世界初ともいわれる幼稚園を創設した。今日の教育にも絶大な影響を及ぼしている彼らの思想を見ていくことにしよう。

（石村華代）

Ⅳ 近代教育学の確立

5 カント —— 自律的で道徳的な人間を育てる

【キーワード】 理性，道徳性，道徳的法則

■生　涯

言わずと知れた大哲学者であるカント（Immanuel Kant 1724-1804）は，当時のドイツ東プロイセンのケーニヒスベルク（現在ロシアのカリーニングラード）で生まれた。ケーニヒスベルク大学を出た後，しばらくは町を離れて家庭教師をしていたが，30歳の時にこの地に戻り，翌年，母校の私講師となって大学で教えるようになる。46歳の時に論理学・形而上学の正

教授となり，以後72歳まで教壇に立っている。カントが几帳面な性格で規則正しい生活を送っていたことはよく知られており，人々は彼の夕方の散歩姿を見て時計を合わせたという。57歳の時に『純粋理性批判』（1781）が出され，それ以降，『実践理性批判』（1788），『判断力批判』（1790）など，重要な著作の出版が続く。80歳でこの世を去るまで，ほとんどをケーニヒスベルクで過ごしている。

■『教育学講義』

教育思想においてよく取り上げられるのは，『教育学講義』（1803）である。ケーニヒスベルク大学では，哲学の教授が交替で教育学の講義を担当しており，カントの講義内容をその講義ノートなどを参照してリンクが編集し，刊行したものである。よってこの著作では，概念の厳密さに欠け，首尾一貫していないところがあるものの，カントの教育に対する考え方は十分に表れている。

「人間は教育されなければならない唯一の被造物である。」これは，『教育学講義』の冒頭の一文で，教育の必要性を端的に述べた言葉としてよく知られている。カントはこのなかでまた，同様な意味で，「人間は，教育によってはじめて人間となることができる」とも述べている。人間は，教育を受けないと本当の意味での人間になることができない。つまり，私たちは生物学的にヒトと

第1部　西洋教育思想史

して生まれてくるが，人間になるためには，人間による教育が必要である，ということである。しかし，カントのこの言葉をより深く理解するためには，カントにとって「人間になる」ことがどのようなことかを探らなければならない。

■ 理性への信頼

カントの哲学は，批判哲学と呼ばれる。批判というと，ある人物や行為などを否定的に評価して非難することのように思われるが，この批判はそのような意味ではない。私たちは普段，当たり前のように様々なことを認識したり判断したりして行動するが，それができるためには一体どのような能力が必要なのか。カントは，この能力を総称して理性とし，その可能性と限界を詳細に検討した。このような人間の認識能力を改めて反省的に吟味する試みが，批判哲学の批判（Kritik）である。

それでは，この批判哲学によって明らかにされたのはどのようなことだろうか。ここでその全体を詳述することはできないが，最も重要なのは，私たちの理性がア・プリオリ（a priori，先天的）な総合判断の可能性をもつということであろう。カントは，私たちの周りにある物は，私たちから独立して存在しているのではないという。彼は，私たちの内側にあらかじめ与えられている形式があり，それによって対象として認識されることで物が存在していると考える。そのあらかじめ与えられている（先天的）形式は直観の形式，すなわち空間と時間の形式である。私たちの理性には，物事を認識するために必要な時間と空間の枠組みがあらかじめ与えられているのであり，それによって多くの知識を得たり物事を判断したりすることができるというのである。私たちのいわゆる精神的活動は，すべて理性の力に拠っているのであり，その力は偉大である。カントが「人間になる」と言うとき，それはこの理性の力を十分に発揮するということを意味していると考えてよいだろう。『教育学講義』において，このような「人間になる」ための教育はどのように展開されるのか。

■ 自然的教育と実践的ないし道徳的教育

カントは，教育を自然的教育と実践的ないし道徳的教育に分ける。前者は，

人間の自然的素質に対して行われるもので，それをそれ自体のままに展開させることが肝要である。これは特に，幼児期など早い段階での教育にあてはまるとされる。カントのこの考え方には，ルソーの影響が大きいとされている。ルソーは，いわゆる「消極教育」の思想を展開し，人間にもともと備わっている自然（本性）に従って，できるだけ外側からの干渉を避けるように教育しなければならないという。カントも基本的にこれに従っているが，しかし，それは放任すればよいということではなく，時には自然を規則で縛ることも必要になる。そこで，訓練が求められるのである。訓練によって次第に粗雑さが取り除かれ，人間は，本来自らがもっている能力を十全に発揮していくことができるようになる。

　自然的教育にとどまっていては，人間の教育は十分ではない。「訓練あるいは訓育は動物性を人間性に変える。動物はその本能だけですべてである。……しかし人間は自分の理性を必要とする。」つまり，自然的教育の後には，「人間になる」ための教育，すなわち理性的存在としての人間への教育が必要になるというのである。

　人間は生まれながらには理性の力を発揮できる状態ではないので，はじめは人間の本性に従って，場合によっては強制したり訓練したりして教育しなければならない。しかし，そこから人間らしくするためには，実践的ないし道徳的教育が必要である。それは，知識を得たり物事を判断したりすることができるための理性を目覚めさせることである。その理性に従って人間がどのようなふるまいをするようになるのか，すなわち道徳がここで重要な問題となる。「ところで，人間は果たして生まれつき道徳的に善であるか，それとも悪であるか。そのどちらでもない。というのは，人間は決して生まれつき道徳的存在者ではないからである。人間は，その理性が義務と法則との概念にまで高まるときにのみ，道徳的存在者となるのである。」このように，カントにとっては道徳的であるということが最大の関心事なのである。

■ 道徳的法則

　カントが道徳的と呼ぶのは，義務の概念を忠実に遂行することである。義務

第1部　西洋教育思想史

の概念とは「○○すべし」の形をとるもので，○○に何が入るかはとりあえず
問題ではなく，すべしとされている義務を自然法則のように例外なく，命令と
して守ることが大切だというのである。したがってこの命令は，常に普遍的に，
絶対的に「○○すべし」なのであり，場合によってそうしなくてもよいという
条件付きの命令とは異なる。例えば「もしあなたが他の人から親切にされたい
のであれば，あなたは他の人に親切にしなさい。」という命令は，逆に言えば，
他の人に親切にされたくないのであれば他の人に親切にする必要はないのだか
ら，一定の条件においてのみ成り立つ命令である。そうすると，条件によって
親切にしたりしなかったりするのだから，確実に義務を遂行することにならな
い。カントはこのような例外のある条件付きの命令を認めない。なぜなら，こ
れを認めると，都合がよいときにのみ義務を果たせばよいということになって
しまい，最終的に結果がその人にとって好ましいものであれば，何をしてもよ
いことになってしまうからだ。これでは「結果よければすべてよし」となり，
あらかじめ自分で判断して道徳的にふるまうことはできない。予想される結果
から遡って自分の行為を決めるのではなく，結果にかかわらず，自分が善いと
する行為を無条件に行うことが，カントにとって道徳的なのである。

　このことを定めたのが，『道徳形而上学原論』(1785) のなかにある次の有名
な一文である。「君の行為の格率が君の意志によって，あたかも普遍的自然法
則となるかのように行為せよ。」言い換えれば，「あなたは，あなたの意志に基
づいた自身の行為がいつもすべてのものにあてはまる法律のような原理として
通用するようにふるまいなさい。」

■ 道徳と自律

　そうすると，道徳的教育は次のような人間を育てなければならない。つまり，
予想される結果や他人の言動，そのときどきの状況などによって自分の行為を
変えず，善いとされることを，それが善いことだという理由からのみ愚直に行
うような人間である。現実には，このようにふるまう人間はいないように思う
かもしれない。しかし，例えば，目の前に溺れそうな子どもを発見したとき，
私たちは我を顧みず飛び込んで助けようとすることがあるだろう。その行為

に至った者は，自分が泳げるかどうか，助けを求められたかどうか，さらには自分が後で助かるのかどうかさえ問わず，ただ「目の前の子どもの命を救うべし」という絶対的な命令，すなわち自らの内なる純粋な動機にのみ従ったのである。「われわれは，生徒が習慣からではなく，自分の格率から善を行うように，また，単に善を行うだけでなく，それが善であるからこそ，善を行うというようにしなければならない。なぜなら，行為の全道徳的価値は，善の格率に存するからである。」善の格率，すなわち，善いことを自分の意志で行うことは，自らの判断に基づいて自律的に行為できる理性的人間にのみ可能である。

　カントが人間に教育が必要だと言ったのは，人間とは，教育によって理性の能力が啓かれ，自律的にふるまうことができるようになる存在だと考えているからである。しかし，これは現在の教育においても大きな課題だといってよい。確かに私たちは，大人になれば理性的で自律的な人間として扱われ，自分で自分の行為の責任を負わなければならない。しかし，教育はそのような自律的な人間を育成することに腐心しているだろうか。むしろ，子どもたちのためだと称して，あれこれと何から何まで細かく丁寧に指導して，自分自身で知識を得たり物事を判断したりすることができないようにさせてはいまいか。「教育の最大の問題の一つは，法則的強制の下への服従と，自分の自由を用いる能力とを，どのようにして結合することができるかという問題である。なぜなら，強制は必要であるからだ。しかし私は強制の下においてどのようにして自由を強化するのか。」このカントの問いかけを，私たち教育に携わる者はしっかりと受けとめなければならない。

引用・参考文献

カント（三井善止訳）『人間学・教育学』玉川大学出版部，1986年。

カント（篠田英雄訳）『純粋理性批判　上・中・下』岩波書店，1961年。

カント（波多野精一ほか訳）『実践理性批判』岩波書店，1979年。

カント（篠田英雄訳）『道徳形而上学原論』岩波書店，1960年。

（石村秀登）

第1部　西洋教育思想史

6　ペスタロッチ──貧民教育と直観教授法

【キーワード】　直観教授　メトーデ　数・形・語

■生　涯

ペスタロッチ（Johann Heinrich Pestalozzi 1746-1827）はフランス革命後，社会の混乱によって生じた貧民や孤児を救済するための教育に生涯を捧げたスイスの教育実践家である。彼の教育実践と思想はフレーベルやヘルバルトに直接影響を与えただけでなく，その後の教育思想や教育実践に多くの影響を及ぼした。特に初等教育の教育方法の基礎は彼によって築かれたと言っても過言ではない。

ペスタロッチの人生は挫折と失意の連続であった。彼は1746年にスイスのチューリヒで生まれた。5歳の頃，外科医だった父親を亡くしたため年金に頼る苦しい生活を余儀なくされたこともあって，近くの村で貧しさのために学校にも行けず働いている子どもたちを救いたいという思いを子どもの頃から抱いていた。大学へ進んだペスタロッチは「愛国者団」に入って政界の不正を告発する社会改革運動に取り組むが，政府から要注意人物とみなされたため政治家になることを断念，農民となって貧しい人々を救う道を選んだ。

1771年にノイホーフ（「新しい農場」の意）と名づけた農場の経営を始めたが凶作の影響もあって2年後に破綻する。しかし，ペスタロッチは自ら借金を抱えながらも，農場を用いて貧民の子どもたちを集めて経済的に自立するための職業的技能をつけさせる貧民学校を開設した。ところが貧民学校も数年のうちに経営に行き詰まって閉鎖となり，ペスタロッチは長い失意のときを過ごす。この期間にノイホーフでの教育実践について著した『隠者の夕暮』（1780），恋愛小説の形で家庭教育や学校教育について著した『リーンハルトとゲルトルート』（1781-87）などの著作活動を行った。

その後，フランス革命がスイスに波及し，フランス軍に焼き討ちされたために多数の孤児が発生したことから，ペスタロッチはスイス政府に教育の支援を

56

申し出る。そして，1798年に53歳にしてシュタンツの孤児院で教育実践を始めたが，彼の社会改革思想に反対する者に足を引っ張られたこともあり，わずか半年で孤児院は閉鎖されてしまう。気落ちして体調も崩したペスタロッチだが，大人への不信感を抱いた孤児たちと次第に家族のような関係を築いていったシュタンツの孤児院での教育実践の様子を描いた『シュタンツ便り』（1799）を保養地で書いている。

　1800年にブルクドルフに学校を開き，翌年メトーデと名づけた教育方法を体系化した『ゲルトルート児童教育法』（1801）を書いたことでペスタロッチの教育方法を多くの人々が学ぶようになり，彼の名声はヨーロッパ中に広がった。1804年にはイヴェルドンに学校を開いて教員養成も併せて行い，1806年には当時珍しい女子学校を併設，さらに1813年にはスイスで初の聾唖学校を設立する。成功者となったかに見えたペスタロッチであったが，彼の本当の願いは最後まで貧民教育にあった。1818年に彼は自らの年金を投じてイヴェルドンの近くに貧民学校を設立するが，経営不振により1年足らずでイヴェルドンの学校に吸収されてしまう。

　ペスタロッチは1825年に学校を閉鎖し，最初に貧民学校を建てたノイホーフで教育論と自伝から構成された人生最期の著作『白鳥の歌』（1825）を書く。そして，その2年後に82歳で死去した。ペスタロッチの墓碑には「ノイホーフにおいては貧しき者の救済者。リーンハルトとゲルトルートのなかでは人民に説き教えし人。シュタンツにおいては孤児の父。ブルクドルフとミュンヒェンブーフゼーにおいては国民学校の創設者。イヴェルドンにおいては人類の教育者。人間！　キリスト者！　市民！　すべてを他人のためにし，おのれにはなにものも求めず。恵みあれ彼が名に」と書かれている。

　ペスタロッチはその人生から明らかなように経営者としての能力に欠けていたため，多くの挫折を繰り返した。それにもかかわらず，生涯に渡って民衆の教育，特に貧民教育に献身し，家庭的な温かさのなかで子どもたちの心を開き，自立できるよう育てていった姿は多くの人々の心を打ち続け，我が国にもペスタロッチの熱烈な信奉者は多い。

第1部　西洋教育思想史

■ 道徳教育を基盤とした教育

　ペスタロッチの教育思想についてはブルクドルフ以降の大衆教育の方法が広く知られているが，ノイホーフでの貧民教育とシュタンツでの孤児教育にその基盤がある。ペスタロッチは貧民の子どもや孤児に対して職業訓練をしただけでは内面の自立ができないため，人間らしい生活ができるようにはならない，と考えた。そこで，彼は道徳教育を基盤にしながら自立して人間らしい生活をしたいという子どもたちの気持ちを高めた上で，読み書き計算と産業や農業労働に必要な知識・技能を身につけさせようとした。

　ペスタロッチの道徳教育の特徴は，教師が母性的側面と父性的側面の両側面から日常生活の家庭的な雰囲気のなかで①道徳的心情の喚起，②自己抑制の訓練，③道徳的知見の育成を行うことで，子どもたちの善を志向する力を育てようとした点にある。家庭的な雰囲気が重視されたのは，子どもたちの生活のなかで表れる自然で基本的な要求を満たすことが道徳性を発達させる第一歩であると彼が考えたからである。まず，①道徳的心情の喚起においては，教師が母親のような愛情と思いやりをもって接することで子どもたちに心の平静，安心感，喜びをもたらす。そして，子どもたちの心に周囲の人々からの援助に対する信頼が芽生えるようになれば，子どもたちは自ら善を求めるようになり，他者を愛することができるようになる。次に，②自己抑制の訓練においては，教師が父親のように一貫して毅然とした態度で接しながら，例えば教師の話を黙って聞けるようになること，のような生活のなかで必要とされる自己抑制の必要性を子どもたちに自覚させた上で実践できるよう訓練する。最後に，③道徳的知見の育成においても，教師は父親のような態度で生活のなかの具体的な出来事を取り上げながら道徳的行為を言葉で言い表し，子どもたちに自分の問題として考えさせながら道徳的な見方や考え方を身につけさせる。ペスタロッチが言葉による道徳教育を最後にしたのは，言葉だけで実行の伴わない道徳教育の弊害から子どもたちを守るためであった。このようなノイホーフとシュタンツでの家庭的な雰囲気での道徳教育を基盤とした教育は，ブルクドルフの頃に書かれた『ゲルトルート児童教育法』（1801）にそのまま引き継がれている。

58

■メトーデ

　『ゲルトルート児童教育法』で明らかにされた「メトーデ」と呼ばれる直観教授法は，ノイホーフとシュタンツでの実践を土台にしながら，ブルクドルフの学校での大衆教育の実践を通じて完成されたと考えられる。ペスタロッチはそれまでの学校教育では言葉や文字の教育が重視されすぎていると考えた。当時の学校教育では，キリスト教会の信仰教育で行われていた教義問答書の丸暗記の方法をそのまま取り入れて，問答形式で答えを丸暗記させていた。そのため，子どもたちは意味のよくわからない知識を詰め込まれていたのである。そこで，ペスタロッチは言葉や文字の学習よりもまず事物の認識能力，すなわち直観を成熟させることから出発して明瞭な概念へと高める直観教授法を考え，「メトーデ」と名付けた。そして，すべての認識は数，形，語から出発する，として数，形，語のそれぞれについて感覚的な認識から始めて抽象的な概念へと段階的に学習させる方法を提示した。

　例えば，数については，まず1〜10個の物が描かれた絵を子どもに見せた上で，自分の指や豆や小石で同じ個数を数えさせることで数の関係を発見させる。次に実物の代わりに点や線が書かれた計算表を用いて，数の関係に対する意識をより強化していく。また，分数については正方形を分割した図表によって直観で認識できるように工夫している。

　ペスタロッチはメトーデを一般化して次のような五原則にまとめている。①直観を整理する。単純なものの認識を仕上げる。新しい概念を既存の概念に結びつける。②すべての事物の関係に対する認識が，自然の秩序のなかで現実にある関係と同じになるようにする。③感覚器官を通して事物の印象を強めたり，明瞭にしたりする。④物理的自然のすべての作用が必然的なものであるとみなし，教育方法についても自然の法則に従う形で行う。⑤物理的必然性に従った教育方法の成果に，豊かで多面的な魅力や応用の可能性を見いだす。

　また，メトーデは道徳教育にも適用されている。知的な教育において，直観を成熟させて概念へと高めていったように，道徳教育においても，ノイホーフとシュタンツでの実践と同様，道徳的心情の喚起において子どもたちの感性に訴えるところから始めて，最後に道徳的知見の育成において道徳的な見方や考

え方を概念化する方法が採られている。

メトーデは，植物の種子に水や肥料などを与えることで発芽して花が咲くように，子ども自身の内に備わっている自然な性質が芽生えて成長するための援助を行う方法であり，ルソーと同様，自然主義的な教育方法に分類される。

当時の学校教育は文字と抽象的な言葉の丸暗記だけであったことを考えれば，絵や図などを用いて感覚的な認識から始めるペスタロッチの教育方法は画期的であったと言えよう。そして，このような直観教授法はその後世界中に広がっていった。我が国でも明治期前半にペスタロッチの教育方法が「開発教授」として紹介され，教育実践に影響を及ぼしたが，ペスタロッチの教育方法が特に注目されるようになったのは大正自由教育運動の頃である。また，ペスタロッチ没後100年の1927年に全国各地の師範学校などでペスタロッチ記念祭が行われたことに象徴されるように，ペスタロッチは教師の理想像とされてきた。このようにペスタロッチは我が国の学校教育の方法だけでなく，教師としてのあり方にも現在に至るまで多くの影響を及ぼしている。

引用・参考文献

長尾十三二・福田弘『ペスタロッチ』清水書院，1991年。

福田弘『人間性尊重教育の思想と実践——ペスタロッチ研究序説』明石書店，2002年。

ペスタロッチ（長田新訳）『隠者の夕暮・シュタンツだより』岩波書店，1982年。

（吉田　誠）

Ⅳ　近代教育学の確立

7　ヘルバルト——教育学の体系化と教授方法の段階化

【キーワード】　管理　訓練　教育的教授　明瞭・連合・系統・方法

■生　涯

　ヘルバルト（Johann Friedrich Herbart 1776 - 1841）はドイツの哲学者，心理学者，教育学者で，教育の目的を倫理学に，方法を心理学に求めることで教育学を体系化した人物である。ラインやツィラーなど彼の弟子たちはヘルバルト学派と呼ばれ，ヘルバルトとヘルバルト学派の学説は世界中に大きな影響を与えた。

　ヘルバルトは1776年にドイツに生まれ，ラテン語学校長の祖父と高級官僚の父の元，かなり厳しいしつけと教育を受けて育った。12歳前後で論理学を習得し，カント哲学を学ぶなど，知的に非常に早熟であったヘルバルトは，イエナ大学に入学し，官僚になって欲しいという両親の望みに従って，表向きは法律を学びながらも実際には哲学を学んでいた。大学では当時人気の哲学教授であったフィヒテの思想のとりことなったが，その後フィヒテの思想を批判するようになる。

　1797年から約3年間，ヘルバルトは3人の生徒の家庭教師をしたが，この時の体験が後のヘルバルトの教育理論の源泉になっている。また，この頃に生徒を連れてペスタロッチの学校を訪問し，その後ペスタロッチの教育論を研究したこともヘルバルトの教育理論に大きな影響を及ぼした。

　1802年にヘルバルトはゲッチンゲン大学で哲学と教育学の教授資格を得て大学講師となり，1806年に主著『一般教育学』を書く。1809年にはケーニヒスベルク大学に教授として招かれ，カントの後任として哲学と教育学講座を担当した。ケーニヒスベルク大学では教員養成所と付属の実習学校を設立し，教員養成にも取り組んでいる。1833年に再びゲッチンゲン大学に戻り，1835年に教育理論と実践の総決算とされる『教育学講義綱要』を出版した後，1841年に脳出血により亡くなった。

第1部　西洋教育思想史

■ 教育学の体系化

　ヘルバルトの教育思想は，ペスタロッチの教育実践への傾倒とその理念の完成への情熱から出発している。ヘルバルトはペスタロッチの教育実践を見学し，教育論を研究することでペスタロッチを尊敬する一方で，次第にペスタロッチの教育論の課題や限界にも気づくようになった。ヘルバルトから見たペスタロッチ教育論の課題は，直観教授法が体系化されていないために一般の教師に理解されず，他の学校に広められないことであった。そこで，ヘルバルトは原理から導き出される原則や定理，命題を秩序的に関連付ける形で教育学を体系化することを目指した。

　そして，ヘルバルトから見たペスタロッチ教育論の限界は，数・形・語の基礎力の訓練と道徳性の育成といった初等教育のレベルに留まっていて，より高度な教養を一般民衆に教育する観点が欠けていることであった。また，ペスタロッチのメトーデは，植物の種のように将来の形態をすべて宿して生まれてくる子どもの自然な性質が芽生えて成長するための援助を行う方法であった。これに対して，ヘルバルトは人間の精神には将来の発展をすべて決定するような固定した素質など存在しない，として教育を意図的，計画的に精神の形成に働きかける活動である，とした。

　このようにペスタロッチへの傾倒から始まり，ペスタロッチから離れることを通してヘルバルト独自の教育学が成立していった。ヘルバルトは，教育学の基礎を倫理学と心理学に置き，教育の目的は倫理学によって，教育の方法は心理学によってそれぞれ示されるとした。ヘルバルトの教育学における教育の目的は道徳性の育成にあるとされるが，それは一般的な意味での道徳性よりも広い意味であり，美的感覚の洗練や知識の教授をも含めたものであった。ヘルバルトは知識の教授は道徳性の育成を目指す教育と切り離すことができない，としてこのような教育を教育的教授と呼んだ。

■ 管理と訓練と教授

　ヘルバルトは管理と訓練と（教育的）教授を明確に区別した。彼によれば，管理とは子どもの粗暴さを克服するための力による強制の反復である。管理は

62

IV　近代教育学の確立

教育を行うための秩序を作りだすだけで，それ自体教育ではない。ただし，ヘルバルトは，管理の基礎は子どもを活動に熱中させることである，と述べているように，管理においても力による強制を可能な限り少なくしたいと考えていた。

　そして，訓練とは，子どもの忍耐力など意志の訓練であり，将来，道徳性と知識を身につけた人物になりたいという希望を子どもに抱かせることで授業に集中させ，理解しようとする意志を育てることである。ヘルバルトによれば，管理においては授業中静かにするといった現在のことが配慮され，子どもが静かにしていても授業を聞いていないということがありうるが，訓練においては，子どもは将来のことを配慮して授業内容を理解するために静かに集中することになる。

　教授とは人間に関わる興味と自然に関わる興味から成る多方興味を育てることで，子どもが学習対象に魅力を感じて意欲的に追求する態勢を培い，思想圏を形成することである。この多方興味は子どもが無秩序に様々な事柄に関心をもつことではなく，子どもの自己成長が一定の秩序立った方向へと向かうように方向づけられた興味のことである。ヘルバルトはそのような方向づけられた興味の源を思想圏と呼んだが，思想圏とは人間が生活経験や学習を通じて身につけ，認識や判断，行動を行う源となる知識や価値の体系のことである。このような教授を通じて正しい認識や判断ができる思想圏を身につけさせることで道徳性の育成につながるのである。

　ヘルバルトによれば，管理は教授と訓練によって行われる教育と連携して行われる必要がある。彼は，教育なしに満足している管理は子どもの心情を抑圧し，管理なしの教育は子どもが本来無秩序であることへの配慮に欠けていると考えた。

■ 教授方法の四段階

　ヘルバルトは教授の方法として，専心と致思の循環によって思想圏を形成することを考えた。専心とは一定の対象に没頭することであり，致思とは専心によって獲得した表象，すなわち対象についてのイメージや概念を反省し，相互に関連付けながらそれまでにもっていた思想圏と統一することである。さらに，

63

第1部　西洋教育思想史

彼は専心と致思をそれぞれ静的・動的の二つの段階に分け，専心については静的専心である明瞭と動的専心である連合に分け，致思については静的致思である系統と動的致思である方法に分けた。そして，多方興味を育てて思想圏を形成するための教授の方法を明瞭・連合・系統・方法の四段階の形で提示した。ここで，明瞭とは，対象を限定することによって意識の混乱をなくすことであり，連合とは明瞭にされた対象をそれまでに身につけた知識と結びつけて比較することである。そして，系統とは連合によって得られた新しい知識を体系化することであり，方法とは体系化された知識を他の事象にも応用可能なものにすることで思想圏を形成することである。

■ ヘルバルト教育思想に対する誤解とその見直し

　ヘルバルトは教育学を体系化することによって，教育学を自律した学問領域とすることに貢献しただけでなく，子どもの興味をひき出しながら知識を体系的に身につけさせる方法を提示したことによって，その後の学校教育に大きな影響を及ぼした。

　我が国でも明治時代初期に近代学校教育制度が導入された際，ドイツから東京帝国大学の講師として招かれたハウスクネヒトがヘルバルトの教育学を伝えたことによって，ヘルバルト主義の教育方法が浸透していった。当時我が国にヘルバルトの教授法として紹介された方法は，ヘルバルトの教授の四段階を基に彼の弟子であるラインが考案した五段教授法（授業の展開過程に即して予備・提示・比較・総括・応用の五段階の指導方法としたもの）であったが，これは現在用いられている学習指導案でも見られるような，授業を段階的に構成して学習指導を行う考え方の原型となっている。

　1899年にナトルプがヘルバルトを批判してペスタロッチに還るべきと主張したことをきっかけにして，ヘルバルト主義はペスタロッチ主義や社会教育学などにとって代わられるようになっていった。また，ヘルバルトの弟子たちはヘルバルト学派と呼ばれるが，ヘルバルトの教育学の体系的，理論的側面を強調したことによって，後にヘルバルト主義教育が子どもたちの実態にそぐわない画一的で硬直した教育方法である，と批判される原因となった。そのため，ヘ

64

ルバルトの教育学に対しては，教育の機械主義，主知主義，形式主義といった批判がなされることが多いが，ヘルバルト自身の教育学とヘルバルト学派によるヘルバルト主義教育学との間には相違点も多い。ヘルバルト自身，知的能力が非常に高いが社交的でなく，内向的な人間であったこともあって，ヘルバルトの教育思想に対しては多くの誤解がなされてきた。また，そのような誤解に対してヘルバルトを見直そうとする動きも第二次世界大戦後に出てきた。「生けるヘルバルト」と題するノールの講演に始まり，「知られざるヘルバルト」と題する論文や『非体系的ヘルバルト』と題する著作など，タイトルだけを見てもヘルバルトの教育思想がいかに誤解されてきたかが見てとれる。

　実際にはヘルバルトは教育の理論化だけを考えていたわけではない。彼は教育の理論として科学的教育学があり，実践として教育の技術があるが，教育の実践は理論を機械的に教育の現実に適用することだとは考えなかった。彼は理論と実践との間の媒介役としてタクトと呼ばれる臨機応変の判断力を置いた。このタクトによって，科学的教育学に示された法則を厳密に熟慮しながらも，個々の状況において真に求められる内容を素早く判断し，行動に移すことをヘルバルトは教師に求めているのである。また，科学的教育学は形式主義として批判されることが多いが，マニュアル的な形式がなければ熟練した教師の技を少数の弟子に直接伝達する形でしか優れた教育実践を普及することができなくなってしまう。多くの人々に一定水準の教育を意図的，計画的に行うために，目的や目標を明確にした上で，目標を段階的に達成するための手順を明確にするマニュアルを作成することは必要不可欠なことである。マニュアルには弊害もあるが，誰でも一定水準の教育を行うことができるマニュアルの基礎を築いたという点で，ヘルバルトの科学的教育学は近代以降の学校教育を支えるという大きな貢献を成したと言えよう。

引用・参考文献

是常正美『ヘルバルト教育学の研究』玉川大学出版部，1979年。

高久清吉『ヘルバルトとその時代』玉川大学出版部，1984年。

（吉田　誠）

第1部　西洋教育思想史

8 フレーベル──幼稚園の創設者

【キーワード】　一般ドイツ幼稚園，恩物，球体法則

■生　涯

フレーベル（Friedrich Fröbel 1782 - 1852）は，ドイツ中部のチューリンゲンに生まれた。生後，間もなくして母が亡くなり，牧師である父と暮らしたが，父は仕事に忙しく放任されて育った。孤独な幼少期に森に囲まれた豊かな自然環境のもとで育ったこと，キリスト教の世界観に触れる機会が多かったことが，後年の彼の思想に大きな影響を与えた。

若き日のフレーベルはなかなか自らの歩むべき道を見い出せずにいたが，かつてペスタロッチの生徒だった人物と出会い，教職に就く決心をして，1805年にはペスタロッチが開設したイヴェルドン学園に2週間滞在した。

1806年，フレーベルはホルツハウゼン家の家庭教師を引き受けた。また，1808年から2年間，その家の子どもたちを連れてイヴェルドンで生活し，ペスタロッチから多くを学んだ。しかし，同時にその実践への限界を感じたフレーベルは，自らの教育思想の基盤を固めるため，主に自然科学を修めた。1813年にナポレオンに対するプロイセンの義勇軍に参加したあと，大学の研究職に就いたが，1816年に大きな転機を迎えた。兄の子どもたちを教育するために，「一般ドイツ教育施設」を設立したのである。翌年にはカイルハウへと移転し，一時は生徒数も増えたが，その自由な校風ゆえ，保守派からの妨害もあり衰退した。なお，主著である『人間の教育』は，1826年に書かれた作品である。

1831年からはスイスで学校経営に携わり，その後，ブルクドルフで孤児院の院長となるが，どちらも軌道には乗らなかった。1837年，バート・ブランケンブルクの「幼児と青少年期の作業衝動を育成するための施設」にて，独自の遊具の開発とその普及活動を始めた。そして，1840年，「一般ドイツ幼稚園」のための財団が創設された（ただし，資金不足のため，計画は実現されなかった）。

1848年にフランスで二月革命が起きると，その勢いがヨーロッパ中に伝播し，ドイツやオーストリアなどでも三月革命が起きた。フレーベルはこの革命を支持していたため，新しい政治体制への移行を期待したが，革命が失敗に終わると，幼稚園は，革命的な思想を実現させるために設けられた危険な施設とみなされるようになり，1851年にはプロイセン政府によって幼稚園禁止令が出された。彼の死後，幼稚園禁止令はようやく解除され，フレーベル主義の幼稚園運動は世界各地に広がっていった。

■ 一般ドイツ幼稚園

先述した通り，1840年に「一般ドイツ幼稚園」のための財団が設立されたのだが，この施設は，これまでの就学前施設とは異なって，単に子どもを預かるだけでなく，フレーベルの一貫した教育思想のもとで，遊びや作業を通して子どもの発達を促そうとするものであった。よって，この施設は「世界最初の幼稚園」と呼ばれることがある。この施設はドイツ語で Kindergarten（子どもたちの庭）と名づけられたのだが，英語でも「幼稚園」を kindergarten と呼ぶことからもわかるように，幼稚園の源流はフレーベルにあるといえる。

幼児にとって最も重要な活動は「遊び」である。彼は，幼児が「熱心に遊びに没頭し，十分に遊んでは疲れてよく眠り入るさま」を，この年頃の「最も美しい現象」だと述べている。幼児期の遊びは「全生涯のいわば子葉」である。子葉が周囲の人々によって大切に保護され育まれることによって，将来，子どもは，自らの花を咲かせ豊かな果実を実らせることができるようになる。

このような遊びを子どもに保障するため，幼稚園には Garten（庭）が必要不可欠である。共同のスペースだけでなく，一人ひとりのスペースが与えられ，そこでは好きな植物を栽培することができるようにすべきである。植物の種をまくと，芽を出し，茎をぐんぐんと伸ばし，葉を繁らせ，やがて花や実をつける。子どもがその経過を観察しながら，草を抜いたり水をやったりして世話をすることで，自然をよく理解することができるよう，配慮すべきである。

また，幼稚園での教育活動の中心となったのが，フレーベルが独自に開発した玩具である「恩物」である。ドイツ語で「贈り物」を意味する Gabe を明治

第1部　西洋教育思想史

図1　　　　　　　　　　　図2

時代に日本語に訳したさい，「恩恵により仏や父母から賜った物」ということで「恩物」という言葉があてられた。恩物は「子どもたちや年長者たちの生命が養われ，強化され，発展させられ，陶冶（とうや）されると同時に，親たちやおとなたちの生命も鼓舞される」ようなおもちゃである。フレーベルが開発した恩物の数ははっきりと確定されていないが，第8までは「恩物」，第11あたりまでは「遊具」，それ以降は「作業材料」と呼ばれているようである。これらは，立体的なもの，板状の平面的なもの，木の棒のような線上のもの，小石のような点状のものの四つのグループに分けられるが，立体→面→線→点→線→面→立体というように，立体から始まり立体へと戻りゆくように構成されている。ここでは第2恩物までを取り上げて説明する。

① 第一恩物

　図1のような6色（赤，紫，青，緑，黄，橙）のボールである。幼い時期から取り扱えるように，毛糸や皮など，柔らかい自然素材で作られている。また，ボールを引いたり揺らしたりできるように，ひもが付けられている。生まれて間もない赤ん坊のうちから，私たちはボールに魅きつけられるが，それはボール（Ball）が万物の姿（ein Bild von All）だからである。子どもは，無意識的ではあっても，全体として統一されている自分自身と，「自己完結した全体」であるボールを重ね合わせている。人間の手は，球をそのなかにおさめるのにちょうどよい形をしており，赤ん坊の手にも早いうちからそれを与えてやるとよい。子どもの手にしっかりとつかまれていた球がその手からこぼれ落ちたとき，子どもには結合と分離の観念が芽生える。

　また，フレーベルはこの恩物の使用方法を図2のように例示している。まず，

68

Ⅳ　近代教育学の確立

図3
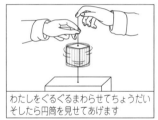
図4

大人がその手のひらにボールを握りこんで，子どもからは見えない状態にしておき，「ボールはどこ？」と尋ねる。それから，「ああここにあった！」と言いながら，手のひらを広げてボールを登場させると，子どもは現存／消失／再現といった観念を自然と身につけるようになる。この他にも，上下などの空間的知覚や，現在／過去／未来からなる時間的知覚を発達させることができる。

② 第二恩物

　図3にあるように，硬い木でつくられた球・円柱・立方体のセットである。1歳半位からの子どもが揺らしたり回転させたりして遊べるように，ひも，ホック，竹ひごが付けられている。この3体のうち，球は転がり運動するのに対して，立方体はその場にとどまり静止する。このように，球と立方体はその形状からして対立しているのだが，その内面においては実は同一である。例えば，図4のように立方体の中心に竹ひごを通して回すと円柱になるし，円柱にホックをかけて回すと球が現れる。このように立方体・円柱といった多様な形態は，球において統一される。つまり，多様性は統一へと向かう。逆に言えば，球という統一体は，立方体・円柱のような多様な形態として現れうる。つまり，統一から多様性が生じうるのである。

　フレーベルは，世界のあらゆる現象の背後には，球の性質に象徴されるような統一性が潜んでいるとし，それを「球体法則」と名付けたが，この「球体法則」の思想を具現化したものが第二恩物だった。ちなみに，フレーベルの墓は，この第二恩物をかたどって作られている。また，その墓銘碑には「さあ，われわれの子どもたちに生きようではないか」という印象的な言葉が刻まれている。

第1部　西洋教育思想史

■ 母性への憧れ

　フレーベルの幼稚園では，その指導者に女性が想定されていたことからもわかるように，彼は幼児教育における母性の重要性を強調した。『母の歌と愛撫の歌』（1844）は，フレーベルが母親たちに宛てて書いた晩年の作品であり，そこには，母と子，ドイツの自然，お菓子づくりや草刈りといった生活の様子，教会など，ドイツロマン主義の雰囲気を濃厚に感じさせる絵が描かれている。また，これらの絵にはそれぞれに短い言葉が添えられており，その言葉は歌として口ずさめるようになっている。彼は，この書のなかで，「真の人間教育の出発点，人間教育の最も純粋な根源であり，最も確実な基礎ともいえるものは，母であり，母の愛であり，母の存在や母としての本質であり，母と子の内的一致」だと述べる。母親が，愛をもって子どもを育むという自らの天職をよくわきまえることの重要性が説かれるのである。ごく幼いころに母を亡くしたフレーベルの母性への思慕が，そこには感じられる。（このような女性の固有性への執着は，現代においては，フェミニズムの観点から批判されることもある。）

　フレーベルの思想は，その後，デューイの『学校と社会』にもその記述が見られることからもわかるように，新教育運動へと引き継がれていった。現在，フレーベルの創設した幼稚園は世界中に広がっているが，その本質については，彼の思想の難解さもあって，十分に理解されているとは言いがたい。幼児教育に携わる者には，刻々と変化していく社会の現実に即応しつつも，たえずその原点をふり返ることが求められるだろう。

引用・参考文献

岩﨑次男『フレーベル教育学の研究』玉川大学出版部，1999年。

日本ペスタロッチー・フレーベル学会編『増補改訂版　ペスタロッチー・フレーベル
　　事典』玉川大学出版部，1996年。

『フレーベル全集（全5巻）』玉川大学出版部，1977～1981年。

　写真出所：図1　http://www.froebel-tsubame.jp/shopdetail/069001000001/

（石村華代）

Ⅴ　社会と教育

近代への移行期において，国民としての意識をもつ人々によって構成された国民国家が成立する。国民国家における国民は，選挙権などの権利を有するとともに，納税，徴兵，教育などの義務を負う。それと共に，自らに与えられた権利と義務を適切に遂行し，社会や国家への愛着をもち，その安定と発展を支える国民を育成するための教育の在り方が問われるようになる。

　この章では，教育を社会的観点から捉えようとした思想家を取り上げる。これまでに出てきた教育思想では，全体的に，教育が個人の成長の観点から捉えられる傾向にあった。しかし私たちは，社会の中で生を享け日々の生活を営むのであるし，社会においてこそ自らの可能性を実現することができる。そのため，社会や共同体との関わりという視点から教育という現象を捉えることも，重要な課題である。本章ではまず，社会現象としての教育という観点に立ち教育社会学の基礎を築いたフランスの社会学者デュルケームを取り上げる。

　20世紀初頭のドイツで活躍したケルシェンシュタイナーは，職業に必要とされる普遍的な能力や，社会人として求められる道徳性を育成するために，労作学校の理念を提唱した人物である。彼の思想は当時設立された基礎学校にも活かされた。

　この時期のロシアでは，ロシア革命が起こり，1922年には世界最初の社会主義国である「ソビエト社会主義共和国連邦」が成立した。この革命で中心的な役割を果たしたレーニンの妻であるクルプスカヤは，労働を通して周りの人に貢献したいという思いをもち，幅広い業務に対応できる労働者を育成するために総合技術教育を唱えた。また，同時代を生きた教師マカレンコは，教育における集団の役割に着目し，集団や国家の発展に寄与する人材の育成に努めた。

　社会の一員としての自覚をもちながら，理想的な社会の創造に尽力することのできる人間を育成するにはどうすればよいのか。こういった問いに応えるためのヒントが，彼らの思想のうちには見出せるはずである。　　　　（石村華代）

9 デュルケーム——教育社会学の祖

【キーワード】 教育科学　規律の精神　社会集団への愛着　意志の自律

■生　涯

デュルケーム（Émile Durkheim 1858-1917）はフランスの社会学者であるが，教育学や哲学の分野でも活躍した人物であり，特に教育の社会学的研究において創始者と言える業績を残している。また，フランス革命後の政治的混乱期に公教育としての学校教育の確立に努めた人物でもある。

デュルケームはフランスのロレーヌ地方で敬虔な信仰をもつフランス系ユダヤ人の家系に生まれた。彼の祖父と父親はユダヤ教のラビ（宗教指導者）であったが，彼自身は世俗的な人生を送っている。彼はパリの高等師範学校で学んだ後，リセ（高等学校）で哲学の教授を務めた。1886年にドイツに留学して実証的社会科学の方法を学ぶが，その際にフランス政府の意向により，ドイツにおける倫理についての実証的研究の状況を調査し，帰国後フランスにおける道徳教育のあり方を考えるための資料として報告している。翌年フランスに帰ってボルドー大学の社会学と教育学担当の講師となる。大学における社会学専攻教員の採用は史上初のことであった。そして，ボルドー大学時代に処女作『社会分業論』（1893）や代表作『自殺論』（1897）を執筆したことで彼の名声は次第に高まり，1896年に38歳でボルドー大学教授となった際に史上初の社会学講座を作るが，教育学の講義はその後も継続して担当している。ボルドー大学で彼は，初等教育の教員を対象とする公開講義や中等教育教員志望者を対象とする講義を多く担当している。

1902年にパリ大学の教育科学講座に転じてからも，講義時間の多くが教育学に充てられた。彼はこの期間に，社会学の観点から学校教育のあり方について考察した『教育と社会学』（1922），宗教に依存しない世俗的な道徳教育のあり方について論じた『道徳教育論』（1925）などの論文を執筆したが，これらの

論文は彼の死後，弟子たちによって書籍として出版されている。

　1914年に始まった第一次世界大戦によって旧友と息子を失ったデュルケーム
は心身とも打撃を受け，1917年にソルボンヌ大学での講義を中止して静養する
ことになったが，回復せずその年のうちに亡くなった。

■ 教育科学

　デュルケームは，カントやヘルバルト，スペンサーなどの近代の教育学者が
教育をどの時代や社会でも変わらない普遍的なものと捉えて個人の成長の観点
から教育を論じたことを批判し，教育を社会的な事象として捉えるべきと考え
た。また，ルソーやペスタロッチなどの教育論はユートピア文学の形で情熱に
よって人々の心を打つが，合理性に欠けていることを批判し，教育を科学的に
捉える必要性を主張した。そして，デュルケームは，教育は社会を映す鏡のよ
うなものである，と考え，教育実践やそこで求められる教育の理想は社会の必
要に応じてつくられたものであるから，それらを一つの事象として観察し，過
去にどうであったか，現在どうであるか，なぜそのようになったか，について
記述し，説明することで，今後どうなろうとしているかを予測しようとした。
彼は，このような方法を教育科学と呼び，教育の実践的理論を教育学と呼んで
区別した。

　デュルケームは教育科学を構成するために，教育を次のように定義しなおし
た。「教育とは，成人の世代がまだ社会生活に習熟していない世代に対して及
ぼす作用である。その目的は，全体としての政治社会と子どもが特に方向づけ
られている個別の環境とが子どもに要求する一定の身体的，知的，道徳的状態
を子どもの中に生じさせて発達させることにある。」したがって，彼にとって
教育とは，その社会で生活するために必要とされる思考，行為，感情のあり方
を子どもに習得させることであり，社会との関係において成立し，社会の必要
によって行われるものであった。

　このようなデュルケームの主張の背景には，産業革命が進む近代社会におい
て職業が専門化し，分業化しつつある状況があった。彼は分業化社会では，子
どもの素質よりも教育によって後天的に付加されるものが重要になると考え，

子どもの能力の調和的発展は全面的には実現しえず，特定の機能に従って専門化しなければならなくなった，と考えた。そして，分業によって人々がそれぞれの個性に応じた職業に就くことで，今後は個性や職業の差異によって互いに補い合う有機的連帯の社会が実現すると考えたのである。

■ 道徳教育論

　デュルケームが『道徳教育論』で論じている道徳性の三要素，すなわち規律の精神，社会集団への愛着，意志の自律は，このような有機的連帯の社会を実現するために必要な性質であった。彼は，道徳的行為を，一定の基準に従って行動すること，つまり義務を履行することである，と捉え，そのような一定の基準ないしは義務に従おうとする精神を規律の精神とした。そして，個人的な目的を超えた社会的理想を愛することによって人は自らの本性を十分に実現することができる，と捉え，社会的理想を愛し，その実現に向かう心情を社会集団への愛着とした。彼は，人間は社会の義務や規則に対して最初受け身であるが，社会的理想を愛することでそれらを理解し，自発的に従うようになる，と捉え，主体的に社会の義務や規則に従う姿勢を意志の自律とした。

　デュルケームの道徳性の議論に対しては無条件に社会的理想を善としており，社会的理想を愛し，自発的に従うことを求める点で批判されることが多い。しかし，当時のフランスでは，それまで道徳の基礎はキリスト教の神に置かれており，近代学校教育制度を確立する上で道徳教育から宗教的な要素を取り除くことが急務とされていた。このような社会状況を考慮に入れれば，道徳の基礎を神から社会に置きかえたデュルケームの考え方は，社会を神の位置に置くことで社会の現状を無批判に理想化している問題はあるにせよ，世俗的な道徳教育を基礎づけた点では合理的で現実的であったと言えよう。

　このような道徳性の三要素を育成するために，学校において組織化された道徳的環境のなかで道徳教育を行う必要があるとデュルケームは考えた。彼によれば学校は単に知識を教える場所ではなく，一定の価値観や感情が浸透した道徳的環境を備えた場所である。したがって，そのような道徳的環境をさらに意図的に組織することで子どもたちに社会性や社会集団への愛着をより効果的に

75

第1部　西洋教育思想史

身につけさせることができる。学校において，そのような道徳教育を行うために，教師には社会の代弁者・規律の守護者としての側面と，社会への愛に子どもたちを導く側面とが求められる。すなわち，教師自身が子どもたちに伝達する知識だけではなく，社会的理想を愛し，その実現に向けて努力する姿勢を備えていることが求められるのである。

■ 賞と罰

　デュルケームは子どもたちが教師に盲目的に従うことは求めなかった。彼は，教師の権威の源泉として，子どもに対する知的優位性と教師としての職務や使命の重大さについての内的信念を挙げている。彼は教師が子どもたちを権力によって規律に従わせるのではなく，教師自身の知的優位性や内的信念を通して子どもたちが知識や社会的理想を愛し，自ら規律に従うようになることを望んでいた。ところが，彼は『道徳教育論』のなかで罰について詳細に論じ，賞についてはわずかな役割しか認めていない。そのため，デュルケームの教育論は教師の権威や罰によって子どもたちに規律の精神を身につけさせる側面が強調されて理解されがちである。だが，彼の真意は，大人の社会生活においても賞よりも罰に大きな役割が与えられており，道徳的行為は賞を当てにしないことによってこそ価値をもつのであるから，学校の規律も社会の規律と同様でなければならない，という所にあった。したがって，学校生活において子どもたちがルールを破れば大人の社会生活と同様に罰が与えられるべきであるが，本来は子どもたちが自ら規律に従って行動するよう教師が導くことが望ましいと考えていたのである。

■ 教育社会学

　それまでの教育論が教育の理想としてのあるべき姿を設定し，そこにたどり着くための方法を論じていたのに対して，デュルケームの教育論は教育の現状とそのようになった経緯を明らかにすることで今後教育がどのようになっていくか，あるいはどのようになっていくべきかを論じるものであった。デュルケームの教育を社会現象として捉える方法はその後，教育社会学として発展し

ていった。

　デュルケームの教育論の問題点として，彼の教育科学が社会や教育の現状の単なる追認になりがちな点や，子どもを社会化する側面が強調されるがゆえに教師と子どもあるいは社会と個人の関係が重視され，子ども同士の活動を通した成長が見落とされている点が挙げられる。

　しかし，それまで主に個人の成長の側面から捉えられていた教育に対して，子どもの社会化の側面を強調することで学校教育の基礎理論を築いたデュルケームの功績は大きい。なぜなら，人間は社会なくして生きることができず，学校教育は国家によって行われる以上，教育における社会の維持，発展に必要な人材の育成という側面を無視しえないからである。また，彼の教育科学が後に発展して一つの学問分野となった教育社会学では，教育を現象として客観的，実証的に捉えようとする。そして，学校や教育という社会現象において我々が当たり前だと思って見落としている事柄を取り上げて疑問を投げかけ，そのあり方について見直させることによって現代の教育に貢献している。

引用・参考文献

デュルケム（麻生誠・山村健訳）『道徳教育論』講談社，2010年。

原田彰『デュルケーム教育理論の研究』渓水社，1991年。

（吉田　誠）

第1部　西洋教育思想史

10　ケルシェンシュタイナー——社会生活の基礎を学校で身につける

【キーワード】　労作学校　改革教育学　道徳性（Sittlichkeit）

■ 生　涯

　ケルシェンシュタイナー（*Georg Kerschenschteiner* 1854‒1932）は，ドイツの
ミュンヘンに生まれる。家庭の経済的理由により，特に希望していたわけでは
ない師範学校予科へ進学して教師となるが，学問研究への情熱が高まってギム
ナジウムへ編入学し，ミュンヘン大学へ進んだ。

■ 労作の概念

　ケルシェンシュタイナーは，「労作学校」（Arbeitsschule）の理念を提唱した
人物として知られている。まずは，その「労作」（Arbeit）がどのような意味な
のかを探ってみたい。

　ドイツ語 Arbeit はアルバイトと読むが，日本語のアルバイト，いわゆるバ
イトは，学生などが本業とは別に短時間働くという意味になっている。しかし，
Arbeit は日本語のアルバイトの意味ではなく，職業としての労働，生業を意
味している。ちなみに，ドイツ語で日本語のアルバイトにあたるのは Job であ
る。英語で職業としての労働を意味する言葉が，ドイツ語で本業とは別に短時
間働くという意味に転用されているのは興味深い。

　そうすると，ケルシェンシュタイナーが提唱する「労作学校」は，職業・生
業のための学校ということになるから，職業的な能力を身につけるための学校
であると言える。ここで私たちは，職業学校といえば，まずは具体的な職業
（例えば教育職，医療職，福祉職，営業職など）があって，その職業に求めら
れる具体的な知識・技術を一定の期間で身につけ，資格などを取得するための
学校を想像するのではないだろうか。

　しかし，よく考えてみると，職業に求められるのは，その職業に関する知識
や技術を蓄積していることや資格をもっていることそのものではなく，それら
を活用して何らかの有益な仕事をすることである。例えば，近年の「若年者の

就職能力に関する実態調査」の結果によると，企業が若者を採用する時に重視する能力は，「コミュニケーション能力」「基礎学力」「責任感」「積極性・外向性」「行動力・実行力」等であり，就職するためにはそれらを身につけることが必要だと言われている。近年は，大学等で「キャリア」に関する科目が設定され，そのような能力を身につけるように指導しているところも多い。しかしそれらは，職業上必要な具体的知識技術ではなく，具体的知識技術を活用するための潜在的な能力を意味していることは明らかである。例えばコミュニケーション能力は，営業で顧客と取引ができるという具体的で個別的な技術を意味しているのではない。そうではなくて，相手や状況を理解し，それに応じて円滑な意思疎通を図ることができ，適切な態度を取ることができるという一般的な能力のことを指しているのである。このような能力は，特定の職業に必要な知識技術を訓練することでは育成されない。なぜなら，潜在的な能力は，特定の職業でのみ必要なものではなく，どの職業でも必要なものだからだ。

　ケルシェンシュタイナーの言う「労作」も，このような意味で，特定の職業や生業，あるいはそれらに必要な個別の知識技術を指しているのではない。それは，職業や生業を成り立たせるための一般的で普遍的な能力のことを含んでいる概念なのである。

■ 手作業的活動

　以上のことから，ケルシェンシュタイナーが労作学校を提唱したのは，基礎的なことがらを身につける学校を特定の職業向けの学校に変えよということではなく，学校において育成されるべき基礎的で普遍的な能力を，労作をとおして身につけよう，ということである。それではケルシェンシュタイナーは，なぜこのような「労作」を強調したのだろうか。また，なぜそれを学校に導入しようとしたのだろうか。

　彼が生きた19世紀後半から20世紀初頭のドイツの教育は，「新教育運動」のなかにある。教育を知識の伝達と蓄積に狭めてしまうことに反対し，人間の生（Leben）全体を展開させることに重きを置くのがこの教育運動の特徴である。特にドイツでは「改革教育学」（Reformpädagogik）の時代と称され，本書でも

第1部　西洋教育思想史

取り上げられているペスタロッチやフレーベルの思想と実践が高く評価された。ケルシェンシュタイナーは，特に，ペスタロッチが「職業的生活」を重視していることに注目する。「農家の少年が毎日父親について畑に行き，できるだけ父親の日常の仕事を手伝い，そして家や納屋で，作業や遊戯において，仲間たちが日常行っていることに参加するなら，まさにそのことによって少年は陶冶される。」このペスタロッチの言葉は，私たちの生活そのものが教育的役割を果たすということを示唆している。基本的な生活において行われる労働や作業をとおして，人間の豊かな可能性が開花し，様々なことを身につけることができるというのである。それは，必要だと思われる知識を外側から一方的に授けてしまう教育の仕方と対照的であり，被教育者の自発的で主体的な活動によって学ぶことを意味している。

　そこでケルシェンシュタイナーは，例えば畑作業をしたり，木工製作をしたり，手芸をしたりといった，日常生活のなかで行われる具体的な手作業を教育のなかに取り入れようとする。このような手作業的活動を重視することによって，子どもたちに将来の様々な職業にも通じる一般的な能力を身につけさせようとしたのである。したがって，「手作業的職業のために準備する教育の目的は，ある特定の職業の作業過程，道具，機械，および材料へと導入することにあるのではない。」「まったく機械的な，その他の精神的生活に関係なく行われる労作は，教育的意味における労作ではない。」と彼は述べる。例えば木工作業で子どもたちは，測量したり，木を切ったり削ったりする技術を身につけるが，それは，速く正確に製作物が完成するということを目指しているのではなく，ましてや将来大工になるために行うのでもない。それをとおして子どもたちは，自分で生活を営むために道具を上手に活用する力，見通しをつけて最適な手段を選択する力，物を測定して比較考量する力，自分で身の回りの物を整えようとする力，さらには細かい作業を忍耐強く遂行する精神的な力などを身につけるのである。

■ 労作学校：道徳性の獲得と公民の育成

　ケルシェンシュタイナーは，労作は精神的な力の育成に寄与し，子どもの性

格形成に大きく影響するとしている。「教科教育において，精神的技能の発展が手作業的技能の発展と密接に結びつけられれば結びつけられるほど，民衆学校の組織は効果的であり精神的技能もますますのびのびと確実に発展する。」「労作学校は，…陶冶財を自主的に体得する学校であり，しかも心的生活全体によって陶冶材を体得する学校であるという理由から，労作学校は性格形成をするのにすべてにまさる学校組織である。」そもそも彼は，当時のドイツの公立学校の課題として，道徳性（Sittlichkeit）の育成を挙げており，労働や作業をとおして，社会生活を送るに相応しい精神的状態，例えば意志の強さや判断力，感受性などを獲得し，自らのふるまいを整えることができるような力を身につけるべきだと考えていた。この Sittlichkeit は，しきたり，風紀などとも訳され，個人の善悪の判断が大きな問題となる Moralität とは異なって，社会生活上の慣習的なものを意味している。したがって，子どもたち個人が，その社会で通用している道徳的な考え方と矛盾しないように社会生活を送ることが肝要なのである。

　そうするとこの労作学校では，最終的に，公民，いわば立派な社会人を育成することが大きな目標となる。「労作学校の意義は，最小の知識材をもって最大の熟練と能力と労作のよろこびとを喚起し，公民的心構えを涵養することにある。」労作学校では仲間とともに手作業的活動を行うから，協同での自治的な活動が成立し，それによって個人の責任の意識も培うことができる。このような労作協同体の実現によって，公民の育成を図ったのである。

　ここで注意しなければならないのは，道徳性の獲得と公民の育成は，社会人として常識的なふるまいができるようにするために，子どもに対して一定の価値観を明確に提示しそれに強制的に従わせるような仕方でなされているのではないということである。ケルシェンシュタイナーは，これをあくまで「労作」をとおした仕方，すなわち，子ども自身からの主体的な手作業的活動によって実現しようとした。教育者は子どもたちを，自由で主体的な，道徳的で社会的な人間へと，子ども自身の自己活動に基づいて育成すべきなのである。

第1部　西洋教育思想史

■ 労作学校の実際

ケルシェンシュタイナーの労作学校の試みは，まずは1910年代にミュンヘン
の民衆学校（Volksschule）において実験的に導入されている。この学校は，わ
が国でいえば小学校にあたり，初等教育を行う場である。それによると，教科
として算数，読み書き，音楽，体育，木工作，手芸，直観教育などの時間が割
り当てられており，その各々について「労作」との関連が配慮されている。つ
まり，その学校で教育内容として特別に「労作」という教科が設定されている
のではない。ただ，やはり木工作や手芸で「労作」の具体的な内容が多く展開
されているように思われる。例えば直観教育では，各学年とも庭園の手入れが
行われたり，木工作では，第1学年（6歳）で松の角材から10〜15個の小さい
立方体をつくって算数の時間に活用したり，第2学年で長さ50センチメートル
の定規や時計文字盤をつくって算数で活用したりしている。

ドイツでは，1919年にドイツ国憲法（ヴァイマール憲法）が制定され，学校条
項により統一的な学校の原則が掲げられた。翌1920年には，それに基づいた具
体的な学校制度の制定を目指した大規模な会議がベルリンで開かれており，ケ
ルシェンシュタイナーはその主要メンバーであった。そこでは，学校に労作学
校の思想を導入することが提言されるとともに，そのような学校を初等教育の
基礎段階から国民的な統一学校として整えることが求められ，4年間の基礎学
校（Grundschule）が置かれるようになったのである。

このように，ケルシェンシュタイナーの労作学校は，その思想のみならず，
それを具現化した実際の教育実践にまで至っており，新たな教育を求めたドイ
ツの改革教育学のなかでも中心的な位置を占めていた。ケルシェンシュタイ
ナーは，初等教育の段階からあらゆる者を「労作」によって立派な公民に育成
することを理想としていたのである。

引用・参考文献

梅根悟監修，世界教育史研究会編『世界教育史大系12　ドイツ教育史Ⅱ』講談社，
　　1981年。

ケルシェンシュタイナー（東岸克好・米山弘訳）『アルバイツシューレ』玉川大学出
　　版部，1983年。　　　　　　　　　　　　　　　　　　　　　　（石村秀登）

more クルプスカヤ──教育と労働をつなぐ

クルプスカヤ（Nadezhda Konstantinovna Krupskaya 1869-1939）は，ロシア革命の指導者レーニンの妻であり，旧ソビエト社会主義共和国（現ロシア）連邦における教育制度の樹立に尽力した人物である。

西洋社会では産業革命以降，すべての子どもを対象とする学校教育制度が構想され誕生したが，当時の学校は「詰め込み学校」であった。生徒は教師の説明に黙って耳を傾け，厳しい規律に従って行動しなければならず，一人ひとりの個性は無視されていた。当時の労働者に求められたのは単純な作業を黙々とこなすことであり，学校でもそのような労働者を育成するために，生徒の忍耐力や従順さを養うことに力を入れていた。

クルプスカヤはこのような「詰め込み学校」を批判し，20世紀の学校は「総合技術教育」を行う場とならなくてはならないと主張した。総合技術教育は，あらゆる生産過程の一般的な原理と，基本的な工具の使用技術の両方の習得を目的とする。製品の品質向上や新たな開発のためには，一生涯，同じ作業を続けておくわけにはいかず，必要なときには，仕事のやり方を変えたり，他の部門で働いたりすることが求められる。よって学校でも，さしあたりの部分的な仕事に求められる知識や技術を身につけるのではなく，生産過程の全体を見通す科学的な力や，どの作業にも適用できるような技術を手にしておくべきである。

このような発想は，実はルソーの『エミール』にも見られるものである。彼女はルソーから「(1)総合技術教育は，どの職業に対しても準備すること，(2)それは生徒の知的な見解を広くし，全体を把握し，各部分の関係を正しく評価させること，(3)労働の上に築かれた社会的な諸関係を評価するための正しい尺度となること，(4)それは現存する社会秩序についてほんとうの理解を得させること」を学んだ。あらゆる労働について知的にも肉体的にも通じることによって，私たちは，あらゆる労働が相互に関連し合って成立していることや，それらがどれも大切なことを実感として理解することができる。また，すべての労働者に対して尊敬の念を抱くことができるようになる。総合技術教育を受けた生徒が社会に出て職業についたときには，

第1部　西洋教育思想史

自らの手で製品を生産する能力とともに，生産過程の全体を管理したり，生産計画を立てたりする力量も求められる。そういった力量を培うためには，総合技術教育を教科の一つとして限定的に捉えるのではなく，むしろ，すべての教科を貫くものとして理解する必要がある。よって個々の教科において教材を選択するさいには，その教材がどのように総合技術教育と関連づけられるのかを考慮しなければならない。

　このような総合技術教育の理念のもとに，クルプスカヤはソビエト政権下において「統一労働学校」を構想した。この学校は「意識的な，組織された社会的本能をもち，完全な，よく考えた世界観をもち，周囲の自然および社会生活におこるすべてのことをはっきり理解できる全面的に発達した人」を育成することを目的としている。社会的本能とは，働くことで周りの人のために役立ちたいという意欲をもつことであり，教師はこの本能が健やかに育まれるように配慮すべきである。また，子どもが環境の変化に対処しながら自立的に生活できるよう，特定の分野の能力だけを伸ばすのではなく，全面的に発達できるよう支援すべきである。この学校は「詰め込み学校」とは違って，生徒が教師や他の生徒と関わりながら主体的に学習に参加することによって，自己を表現し，自らの意思で行動することができるような学校となるべきである。

　日本の学校での学びは，相変わらず将来の労働との関連づけが希薄であり，根気強く練習したり暗記したりすることが中心となっている。また，技術の習得は隅に置かれ，身体的労働を軽視する風潮は根強い。工業的生産活動をモデルにしたクルプスカヤの教育論を，第三次産業が主流となった現代の日本にそのまま適用するわけにはいかないが，学校での教育と社会での労働とをどのように結合させるか，そして，あらゆる労働への習熟と理解をどのように深めるかということは，今なお重大な課題だと言える。

引用・参考文献

クルプスカヤ『家庭教育論』，青木文庫，1964年。

クルプスカヤ『国民教育と民主主義』，岩波文庫，1954年。

クルプスカヤ「社会主義学校にかんする問題」，『国民教育論』，明治図書，1960年。

（石村華代）

more マカレンコ──集団主義教育による社会の発展

マカレンコ（Anton Semyonovich Makarenko 1888－1939）は，帝政ロシアからソビエト連邦に変わっていく時代の教育者，作家で，クルプスカヤと並んでソビエト連邦の集団主義教育の体系化を行った人物として知られている。

マカレンコは1888年にウクライナで生まれた。彼は1年制の師範学校を出て，1905年に小学校の教員となったが，1914年に上級の小学校教師の資格を得るため4年制の師範学校に入学する。十月革命が起きた1917年に師範学校から改組された教育大学を優秀な成績で卒業し，高等小学校の校長となった。1919年にソビエト政権が樹立され，マカレンコは子どもたちを立派なソビエト市民に育てるための新たな教育方法を集団労働に求めるようになる。1920年に彼は児童教育施設ゴーリキー・コローニャの指導者に任命され，勤労活動を通して非行少年に矯正教育を行って大きな成果をあげた。しかし，1928年に彼の教育実践に対する反対者によってゴーリキー・コローニャの指導者を解任され，それまで兼任職となっていた浮浪児の児童教育施設ジェルジンスキー・コムーナでの教育に専念することになった。マカレンコはこの頃，ゴーリキー・コローニャでの教育実践を基にして教育における集団の指導的役割を描いた教育小説『教育詩』（1925－35）をはじめとして多くの小説を書いている。彼はジェルジンスキー・コムーナに1935年まで在職した後，1937年にモスクワに移り，作家としての活動に専念して多くの著作を残したが，1939年に心筋梗塞で亡くなった。

マカレンコの小説はソビエト連邦で約800万部発行され，『教育詩』やジェルジンスキー・コムーナでの教育実践を基にした小説『塔の上の旗』（1938）は映画化された。また，1931年に彼の著作を基に製作された映画「人生案内」は我が国でも公開された。我が国では1970年代にマカレンコの理論の影響を受けて「学級集団づくり」という教育手法が大流行した。原武史は小学生時代に東京都の滝山団地でこの「集団づくり」教育を体験したが，後にその時の記憶を『滝山コミューン一九七四』（2007）として発表している。

マカレンコは，集団での生活を通して教育活動と生産労働活動を結びつける形で

第1部　西洋教育思想史

教育を行った。彼にとって、子どもは教育を受ける対象ではなく、集団生活における福祉の発展に切実な利害関係をもち、集団の運命と名誉に対して責任をもった成員であった。したがって、彼にとって教育とは、自治的な集団運営によって生産労働に関して成果をあげて社会全体を発展させることに集団の存在意義を見いだす活動を通して、社会の求める人格的資質を形成することであった。そのために、マカレンコは国家建設に最も効果的に参加しうる創造的市民を育成することと、幸福となることを義務とする人間を育成することとを教育目的とした。彼は教育において集団主義を非常に重要視し、子どもに自分の意志だけを尊重するのではなく、集団の一員としてどうすべきかを考えて行動することを第一に考えさせる教育を推進した。

　マカレンコの教育論は、ほぼ同時代に世界的に広まっていた新教育運動に見られる子どもの自発性や興味関心に着目して子どもの個性的な能力を伸ばそうとする傾向とは逆に、集団のなかでの忠誠と服従、協同によって集団や社会全体を発展させることを目指した。ソビエト連邦の崩壊とともに集団主義教育に対する関心も薄れていったが、個人主義が利己主義に陥って共同体が崩壊の危機に瀕している社会状況のなかで学級という集団を経営するという課題を抱える現代社会において、集団主義教育はもっと見直されてもよいのではないだろうか。

引用・参考文献

バラバノヴィチ（池田貞雄・海老原遙・十枝修訳）『マカレンコ——その思想形成と教育実践』明治図書，1984年。

（吉田　誠）

Ⅵ　新教育運動の成立と展開

19世紀後半に，日本を含む先進諸国では公教育が普及し，すべての国民に教育を保障するという理念がおおむね実現された。その反面，学校に通う生徒の数が飛躍的に増大したこともあって，学校では教師が一方的に画一的な知識を教えるだけで，生徒はまったくの受け身であり，その個性は無視されていた。このような状況を改革するため，1890年代から1920年代末にかけて「新教育運動」が世界中で展開された。

この運動を思想の次元で先導したのが，世紀の変わり目に『児童の世紀』（1900年）を執筆したスウェーデンの女性思想家エレン・ケイと，シカゴ大学附属実験室学校での実践をもとに『学校と社会』（1899年）を書いたアメリカの哲学者デューイである。

「新教育運動」の口火を切ったのは，レディが1889年に創設したイギリスのアボッツホルムの学校である。その後，この学校で教えていたリールが開設した田園教育舎（ドイツ），社会学者ドモランが立ち上げたロッシュの学校（フランス），生徒の自由を徹底的に尊重するニイルのサマーヒル学園（イギリス）など，多彩な個性をもつ学校が現れた。また，21世紀においても広く支持を集め世界中に展開されているシュタイナー教育，モンテッソーリ教育も，この時期に誕生している。さらに日本でも，このような海外での動向からの影響を受けながら「大正新教育」が展開されることになる（第2部Ⅲを参照）。

「児童の世紀」と謳われた20世紀を終え，私たちは今，「主体的・対話的で豊かな学び」を標榜する21世紀を生きている。とはいえ，19世紀的な学校の姿は，いまだに克服されたとは言い難い状況にある。子どもの個性や主体性を重視するこの運動から学ぶべきことが，私たちにはまだずいぶんと残されているはずだ。

（石村華代）

11 エレン・ケイ——個性的教育思想の先覚者

【キーワード】『児童の世紀』 新ルソー主義 フェミニズム

■生　涯

エレン・ケイ（*Ellen Karolina Sofia Key* 1849-1926）は，スウェーデンの女性思想家，活動家であり，20世紀における教育改革運動の口火を切った人物である。女性史研究では，彼女はフェミニズム運動の先駆としても位置づけられている。

19世紀のスウェーデンは，貧しい農業国であり，文化的にも立ち遅れた国であったが，ケイの活動期には近代化の波が押し寄せ，様々な領域で変革が図られた。こうした変革は，一面において，短期間による近代化の影響で，社会的，思想的な混乱を伴っていた。

彼女の思想は，世紀転換期のスウェーデンにおける急進主義を代表するものであった。彼女は，進歩的な貴族の家庭に生まれ，3人の家庭教師によって教育を受ける。父は，彼女が22歳のときにスウェーデンの国会議員となる。父が国会議員となると同時に，彼女はストックホルムで父の秘書を務める。その傍らで，女性を対象にした成人教育に触れるなど，のちの彼女の思想の糧となる文化的刺激を大いに受けた。こうした文化的刺激とともに彼女の思想形成の原動力になったのは多量の読書であった。

1860年代後半には，政治家である父の影響により，急進的な社会改革思想をもつにいたる。この時期には，「婦人問題」にも関心を寄せるが，女性の権利拡張よりも母性を基調にした自由恋愛論を説く。

1880年代からは，ケイは女子学校の教師の経験をもつに至る。それと同時に評論家としても活躍し，婦人問題，教育問題をはじめとする社会評論を数多く寄稿している。

第1部　西洋教育思想史

■ 思想の特色

　ケイの思想には，ルソーの消極教育論，ニーチェの個人主義，ダーウィンの進化論，ゴールトンの優生学からの影響がみて取れる。ここでは19世紀と20世紀にかけての世紀転換期で分け，時代を表す彼女によるラベリングに従い，前者を「女性の世紀」，後者を「児童の世紀」として，彼女の思想的特色を述べてみたい。

　「女性の世紀」　ケイは，19世紀を「女性の世紀」として位置づける。19世紀は，世界的に婦人解放運動が活発化した時代である。ケイも，母親を夫への従属と依存から解放することの重要性を説き，国家から支援を受けることによって母親の自立が可能となると主張した。こうしたケイの主張は，フェミニストたちにも影響を与えているが，彼女の思想は，全体としては，後のフェミニズム運動の担い手たちから無視されるか，拒否されてきた。

　ケイは19世紀の婦人解放運動による女性の地位向上への一定の成果を認めてはいたが，彼女たちによる権利追求が自己目的化し，形骸化することで社会全体に悪影響を及ぼしていることに懐疑的であった。とりわけ家庭への悪影響である。

　ケイの女性論においては母性が中心的位置を占める。彼女は，女性の性にとってもっとも自然で大切なものとして母性を挙げる。こうした母性が，19世紀の都市化，工業化に顕される近代化の波のなかで，危機に瀕しているという認識が彼女によってもたれていた。

　ケイの女性観は著書『恋愛と結婚』(1903) によく顕れている。それによると，結婚とは「種族のために有利な条件の下での恋愛選択の自由」が前提とされ，「二つの実在が互いに結合することによって，それぞれのいずれよりも，より新しく，より偉大な，一つの実在を創造するような結合」と規定されている。こうした結婚観のなかで，ケイは女性については，「子どもの養育に全人格を傾けるのが，かけがえのない職分である」として，母性を強調している。

　このような母性を強調するケイの態度は，公的領域のみならず家庭における私的領域までも含んで女性の解放を目指す，1970年代以降登場したラディカル・フェミニズムの立場によっては受け入れがたいものである。フェミニズム

運動の思想的主流から，ケイの思想が無視され，拒絶されるのも，こうした彼
女の女性観とその中核にある母性尊重による。

「児童の世紀」　　20世紀が始まる直前の1900年にケイが著した『児童の世紀』
（*The Century of the Child*）は，児童中心主義の宣言書であり，
世界的な広がりを見せることになる新教育運動の代表的著作として知られる。
この書は様々な国の言語に翻訳されることにより，世界の教育に大きく影響し
た。この書のなかでケイは，「子どもが権利をもつとき，道徳が完成する」と
述べ，社会改革の起点としての子どもの教育の重要性を説く。この権利に関し
ては，「子どもの第一の権利はその親を選択する」ことにある，と述べられ，
上にみたケイの女性観との関連づけがなされる。それは，後に『変容と結婚』
のなかで説かれる女性のもつ母性の説明が，彼女による「子どもの権利」の説
明のリフレインになっている，という意味合いにおいてである。「両親等自身
の方から子どもに対して，子どもを生んだことについて許しを乞わねばならな
いのであり」，「女性は他人の権利，すなわち生まれてくる子どもの権利を阻害
することなしに，自然によって引かれた制限線を超えて進むということはでき
ない」と述べているように，ケイは子どもの問題を逆説的に親の問題として語
る。こうした逆説的説明の背景には，ケイが子どもを取り巻く環境，とりわけ
家庭環境を重視していたことがある。彼女は言う。「人間の教育におけるもっ
とも力強い要素は，平和と義務のある落ち着いた静かな家庭の秩序である。家
庭における開かれた心，勤勉・率直さというものが，子どもに善い性質（good-
ness），仕事に対する欲求や誠実さなどを発達させるのである」。

■ 彼女からの影響

　ケイによる影響は，本国スウェーデンにおいてよりも，その他の国によって
大いに受容された。後述するように，ケイの思想は教育界においては，19世紀
末から20世紀初頭に世界的に展開する新教育運動の理念の基軸となった。『児
童の世紀』は，日本においても，大正新教育の基礎文献となっていた。
　フェミニズム運動との関連では，世界的にみると，ケイの思想は概して無視
される傾向にあった。ただし日本においては，1911（明治44）年に金子筑水に

第1部　西洋教育思想史

よって「太陽」9月号の「現実教」のなかでダーウィンの進化論の影響を受け
たものとして，また1912（明治45）年に石坂養平によって「帝国文学」12月号
「自由離婚説」のなかでケイの思想が紹介されている。ケイの著書に関しても，
原田実によって1916（大正5）年に『児童の世紀』，翌年に『恋愛と結婚』が翻
訳刊行され，1920（大正9）年には原田実と本間久雄の共訳で『若き男女へ』
が出版されている。

　このような動きのなか，ケイの思想は，とりわけ日本におけるフェミニズム
の草分け的思想家である平塚らいてうの思想形成に大きな影響を与えている。
また明治末期より女子の中等教育および高等教育実践にかかわった作家，歌人
にして評論家の与謝野晶子によっても，ケイの思想は批判的に受容されている。

■ 新教育理論の先駆として

　ケイは，先に述べたようにルソーの消極教育思想の影響を受けていた。ル
ソーと同じく，彼女も子どもの本来的善性に楽観的なまでの信頼を寄せ，その
信頼を基に，『児童の世紀』のなかでは，教育の使命を「子どもの生命の自由
な発展を助成し，自由な独立の個人に育て上げること」と規定していた。彼女
はルソーの消極教育をさらに純化させて，「教育の最大の秘訣は教育しないこ
とにある」と説くに至っている。ルソーの思想をさらに推し進めたことから，
彼女の立場は新ルソー主義と呼ばれる。

　ケイの個性教育重視とそれにともなう教育形態多様化の主張には，このよう
なラディカルな教育思想が反映されている。『児童の世紀』に示される彼女の
「未来の学校」構想においては，必修科目は可能な限り少なくし，それ以外は
個人個人に合った学習計画で教育が進んでいくべきであるとして，方法におけ
る一斉教授と内容における画一主義とを批判していた。それに加えて，こうし
た学校構想においては，試験もなければ通知表もない，それどころか教科書も
なく，子どもたちによる自由な選択によって原典を学ばせることが提案されて
いた。

　ケイの主張する子どもたちの個性教育重視と教育形態多様化は，19世紀末か
ら20世紀初頭にかけて生起した新教育運動の理論的支柱として共有されている。

とりわけ，子どもたちの自由の強調とその思想のもつラディカルさにおいては
サマーヒル学園のニイルを，試験や通知表，教科書がないという学校制度の点
では自由ヴァルドルフ学校のルドルフ・シュタイナーを想起させる。

■ 今日的意義

　本章でみてきたように，ケイの教育思想と彼女の女性観は不可分の関係にあ
る。その女性観は，母性保護を強調した点で，マルクス主義以降のラディカル
なフェミニズム運動においては否定的に扱われてきた。

　日本においては，2006（平成18）年に改正された教育基本法の第10条に「家
庭教育」という項目が盛り込まれ，「学校教育」と「社会教育」と並び，「家庭
教育」の重要性があらためて確認されている。こうした流れのなか，戦後，制
度としての「家」が解体し，男女のカップル間にあるジェンダー・バイアスも
除去された後の「家庭」の教育機能を考えるうえで，ケイの思想は非常に示唆
に富んでいると思われる。

　そして彼女が提示した学校論に関しては，学校の目的が「それ自身も不必要
にするということ」を第一義とする点で，広く生涯学習にもつながる自己教育
論として解釈することも可能であろう。19世紀と20世紀の転換期に，こうした
主張が，時代に先んじていたことは言うまでもない。

引用・参考文献

ケイ（小野寺信・小野寺百合子訳）『児童の世紀』冨山房百科文庫，1979年。

ケイ（小野寺信・小野寺百合子訳）『恋愛と結婚　上下』岩波文庫，1977年。

長尾十三二編『新教育運動の歴史的考察』明治図書，1988年。

長尾十三二編『新教育運動の理論』明治図書1988年。

レングボルン（小野寺信・小野寺百合子訳）『エレン・ケイ教育学の研究──『児童
　の世紀』を出発点として』玉川大学出版部，1982年。

（山本孝司）

第1部　西洋教育思想史

12 デューイ——プラグマティズムの教育

【キーワード】　プラグマティズム　シカゴ実験室学校　仕事(オキュペーション)　経験主義教育論

■生　涯

デューイ（*John Dewey* 1859 - 1952）は，アメリカを代表する哲学者であり，教育思想家である。彼はプラグマティズムの創始者の一人として数えられ，機能主義心理学派の代表的存在でもあり，進歩主義教育運動の理論的指導者であった。

デューイは，ヴァーモント州バーリントン生まれで，父は成功した商店主，母は敬虔なクリスチャン（会衆派）で，厳格なピューリタニズムに満ちた家庭で育った。彼の生きた時代は，南北戦争後のアメリカ資本主義が飛躍的な発展を遂げた時期と重なっている。

小学校，ハイスクールは地元の公立学校に通い，16歳で地元ヴァーモント大学に入学した。大学時代には恩師トリーのもとでダーウィンの進化論，コントの実証哲学を学ぶ。

大学卒業後3年間ハイスクールの教師を経験し，1882年にはジョンズ・ホプキンス大学大学院に入学。当時のジョンズ・ホプキンス大学には，哲学者パースや心理学者ホールがおり，彼らからデューイも大きく影響された。デューイが大学院時代にもっとも強い影響を受けたのは，新ヘーゲル主義者のモリスであった。

ジョンズ・ホプキンス大学大学院を修了後，哲学の教授となる。当初，ドイツ観念論哲学の影響が強かったが，ジェイムズ（William James）やミード（George Herbert Mead）の影響を受け，後の彼のプラグマティズムへと思想形成していく。

1894年，デューイはシカゴ大学に着任し，二年後の1896年に附属実験室学校（The Laboratory School）を設立した。いわゆる，デューイ・スクール（The Dewey School）である。このデューイ・スクールの実践方針および実践報告は

1899年に著された『学校と社会』（*The School and Society*）にまとめられている。

　1904年にはコロンビア大学に移り，退職に至るまで同大の哲学教授を務めた。コロンビア大学時代の1916年に著された『民主主義と教育』（*Democracy and Education*）ではデューイの教育思想が体系的に示されている。

　その後1920年代には，デューイは中国とソ連を訪問し，アメリカ資本主義とは異なる社会体制を見聞した。そして1929年の大恐慌の経験は，教育による社会改造の必要性を以前にもまして彼に痛感させた。この時期には『人間性と行為』（1922），『経験と自然』（1925），『確実性の探求』（1929）などの著作を発表し，伝統的な哲学への批判を精力的に行っている。こうした批判のなかでは，彼はプラグマティズムの観点から，真理，知識，道徳，教育，民主主義等，多領域にわたる諸問題を扱った。

　彼の後期著作として，『経験としての芸術』（1934），『論理学：探求の理論』（1939），『知るものと知られるもの』（1948）などが挙げられるが，彼は終生プラグマティズムの思想家として，革新的な哲学理論の構築に努めた。

■ 思　想

子ども中心主義的要素　　デューイの教育思想には子ども中心主義的要素が含まれる（ただし，デューイの教育思想を子ども中心主義の側面からのみ捉えることは適切ではない）。彼の教育思想における子ども中心主義的要素が端的に表れているのが『学校と社会』のなかの次の一節である。「旧教育は，これを要約すれば，重力の中心が子どもたち以外のところにあるという一言につきる。重力の中心が，教師，教科書，その他どこであろうとよいが，とにかく子ども自身の直接の本能と活動以外のところにある。それでゆくなら，子どもの生活はあまり問題にならない。……このたびは子どもが太陽となり，その周囲を教育の諸々のいとなみが回転する。子どもが中心であり，この中心のまわりを諸々のいとなみが組織される」（『学校と社会』）。

経験主義的要素：「為すことによって学ぶ」　　近代以降，ルソーによって撒かれた種である自己活動の原理は，ペスタロッチ，フレーベルを経由し，アメリカにおいてはエマソン，オルコットによって発展させられた。そして，

第1部　西洋教育思想史

この原理はデューイの「為すことによって学ぶ」（learning by doing）という経験主義的原理として大成する。デューイは言う。「知識の獲得は，学校の課業ではなくて，それ独自の目的をもつ活動の副産物であるべきなのである。もっと明確に言えば，認識の最初の段階は，いかにして物事をなすべきかを学習することや，その活動において得られた事物やプロセスについての心得にある。遊びや仕事は，そのような認識の最初の段階の諸特徴をひとつひとつ正確に符合しているのである」（『民主主義と教育』）。ここでデューイが述べているように，知識は目的的活動の副産物であり，内容知というよりも，問題解決のプロセスそのものとしての方法知までも含む広い概念である。

　こうして，デューイにあっては，子どもたちの学びは経験と等値され，生活経験即教育という定式が打ち出される。この定式は『民主主義と教育』のなかで次のように解説されている。「教育とは発達であるといわれるのなら，その発達をどのように考えるかですべては決まってくる。われわれの正真の結論は，生活は発達であり，発達すること，成長することが生活にほかならない，ということである。このことをそれと同等の意味を有する教育的表現に翻訳するならば，（ i ）教育の過程は，それ自体を越えるどのような目的ももっていない，すなわち教育の過程それ自体が目的にほかならないということである。さらに（ ii ）教育の過程は，連続的な再構成，改造，変形の過程である，ということになる」（『民主主義と教育』）。

■ 教育実践理論の体系化

　デューイは「倫理的な側面から見れば，今日の学校の悲劇的な弱点は，社会的精神の諸条件がとりわけ欠けている環境のなかで，社会的秩序の未来の成員を準備することにつとめていることである」（『学校と社会』）と述べ，伝統的な学校教育を批判した。また，デューイは伝統的な学校の教育環境について，「伝統的な学校の教室には，子どもが作業するための場というものがほとんどない」と嘆いてもいた。デューイによれば，人間の行為は，本能と衝動に基づき，個体と環境との相互作用によって規定される。こうした意味において，子どもたちによる作業（活動）は，教育にとって重要な位置を占めてくる。

こうした考えに基づき，彼は1896年1月に，シカゴ実験室学校を開校した。当初，シカゴ実験室学校は，シカゴ市の一隅にある民家を借りて開講した小さな学校であった。設立当時，教師2名，生徒は16名であった。この学校での学習は，伝統的な学校でみられた，固定式の小さな机で，教師主導によって進められる教科中心主義の学習とは趣を異にしていた。

　この学校での子どもたちによる学習活動は「仕事」（occupation）と呼ばれ，「仕事」はデューイの学校のカリキュラムの鍵概念になっている。そして，その内容には，工作室で木材と道具を使って行う活動，調理，裁縫，織物といった活動が含まれ，こうした活動は子どもの個人的生活と社会的生活とを結びつける生活経験として，デューイの経験主義的教育理論のなかでは重要な意味がもたされていた。

　こうした「仕事」による学びは，伝統的社会にみられる教育機能を，科学技術の発展に支えられる形で新たに登場した産業社会において，再確認させてくれるものでもあった。デューイは言う。「われわれは，それらの作業を，その社会的意義において考えなければならない。すなわち，社会がそれによって自らの存続を維持する諸過程の典型として，社会生活の第一義的な必要条件のいくつかを子どもに納得させる媒介として，そしてまた，それらの必要が人間のしだいに成長する洞察と工夫とによって充たされてきた道程として，要するに，それによって学校そのものを，そこで課業を学ぶための隔離された場所ではなく，生きた社会生活の純粋な位置形態たらしめるところの手段として，考えねばならない」（『学校と社会』）。

　「仕事」をカリキュラムの鍵概念とするデューイの経験主義的教育理論は，キルパトリック（William Heard Kilpatrick）のプロジェクト・メソッド（The Project Method）やパーカースト（Helen Parkhurst）のドルトン・プラン（the Dalton plan）に引き継がれる。

　前者は，デューイによって構築された教育理論を簡略化し，一段と具体的な方法原理へと転化した。「目的立て」（purposing），「計画」（planning），「遂行」（executing），「判断」（judging）の四段階による過程による学習理論であり，全精神を打ち込んだ目的的活動の展開によってその学びが生起するとされる。後者

第1部　西洋教育思想史

では，教師との契約の形で割り当てられる「アサインメント」（assignment）を通して，生徒たちは実験的な学習を為し得ることが期待された。両者に共通するのは目的的活動を通しての学びであり，対象への参加による知的探求であった。そしてこうした教育は，獲得される知識はもちろん問題解決のプロセスを重視した点でデューイ的であったといえる。

■ 今日的意義

デューイの経験主義教育理論は，戦後日本の教育，とりわけ問題解決学習に強く影響した。その後，1989（平成元）年改訂学習指導要領による生活科の新設，1998（平成10）年改訂学習指導要領（高等学校等は1999（平成11）年改訂）による「総合的な学習の時間」の登場によって，カリキュラムにおける子どもの経験重視という意味合いで，デューイ・ルネサンスが起こった。2008（平成20）年等改訂及び2017（平成29）年等改訂の学習指導要領では，ゆとり教育批判の流れで教科重視の傾向にあるが，自ら学習課題を設定し，自ら課題解決していく自己教育力としての，いわゆる「生きる力」の育成は，教育の目的として1998（平成10）年等改訂の学習指導要領から踏襲されている。ここに「為すことによって学ぶ」というデューイの経験主義教育理論の灯は煌々と光を放ち続けている。

引用・参考文献

デューイ（市村尚久訳）『学校と社会・子どもとカリキュラム』講談社学術文庫，1998年。
デューイ（市村尚久訳）『経験と教育』講談社学術文庫，2004年。
デューイ（松野安男訳）『民主主義と教育　上下』岩波文庫，1975年。
デューイ（栗田修訳）『人類共通の信仰』晃洋書房，2011年。
デューイ（植木豊訳）『公衆とその諸問題』ハーベスト社，2010年。
藤井千春『ジョン・デューイの経験主義哲学における思考論——知性的な思考の構造的解明』早稲田大学出版部，2010年。
山上裕子『デューイの"教材"開発論とその思想』風間書房，2010年。

（山本孝司）

more 各国における新教育運動——レディ, リーツ, ドモラン, ニイル

19世紀末には各国において公教育が整備され, 制度として国民教育の財政的維持および管理を国家が担当するようになった。こうした公教育の整備は全民就学の理想の実現に貢献するものであったが, 他方で画一的な教育内容と一斉教授という教育方法によって, 子どもたち一人ひとりの個性を生かした教育は行われていなかった。

こうした公教育の負の側面に対する批判として, 1890年代から1920年代末にかけて, 世界的に展開されたのが「新教育運動」である。この運動の概略は「子どもの人格の形成や個性の開花を目的とし, 子どもに内在する活動性や自発性に働きかけ, 子どもの興味や能力に即した教材や方法を用い, 子どもに自己の表現力を発揮させてやること」(岩崎次男他『西洋教育思想史』明治図書, 1987年) に共通点をもっていた。それぞれの理論・実践の担い手によって, 力点は異なるが, 新教育運動の実践理論の要素には次のようなものが含まれていた。すなわち, ①児童中心主義, ②全人主義, ③活動主義, ④労作主義, ⑤生活中心主義である。

新教育の原型は, レディ (*Cecil Reddie* 1858 - 1932) が1889年に創設したイギリスのアボッツホルム (Abbotsholme) の学校にある。この学校はスポーツ万能主義, 古典主義を中心に据えた当時の伝統的なイギリスの中等学校 (パブリック・スクール) に対する批判から生まれた。レディはここで, 伝統的な紳士教育に代わる新しいタイプの紳士教育に取り組んだ。ただしあくまで「紳士教育」の枠内にとどまったため, 一般民衆の子弟のための学校としては発展しなかった。

レディの学校での教師経験をもつリーツ (*Hermann Lietz* 1868 - 1919) は, 母国ドイツにレディの新学校の理念を伝えた。彼はハルツ山地のイルゼンブルクに「田園教育舎」(Landerziehungsheim) を創設した。この学校はレディーの学校と異なり, 初等教育のための寄宿舎制学校であった。リーツはここで, 子どもたちが心身ともに調和がとれた, 感性豊かで, 思考において明晰で, 行動力に富んだ全人教育を理想に掲げた。都市ではなく「田園」で, 知識の暗記ではなく, 身体的, 知的, 道徳的な調和を目指す「教育」を, 寄宿舎という生活共同体のなかで行うことに, リーツの「田園教育舎」の特質があった。その後ドイツにおいては, こうした新教育運動は, 青年運動, 芸術教育運動とも連動していった。

第1部　西洋教育思想史

　フランスでは，社会学者のドモラン（*Joseph Edmond Demolins* 1852-1907）によるロッシュの学校（Ecole des Roches）における実践が挙げられる。彼はリーツとともに，アボッツホルムのレディに感化され，自身の学校を1898年にパリ郊外ギシャルディエールに開設した。ドモランは，フランスの中等教育（リセやコレージュ）の古典中心の教授を批判し，それに対する抜本的改革として新しい学校を構想した。彼はこうした構想を『新教育—ロッシュの学校』（1899）として著している。ちなみに世界的に用いられるようになった「新教育」という言葉は，ドモランのこの著書の名前に由来している。

　新教育運動のなかでも，世界的な関心を惹きつけた学校は，ニイル（*Alexander S. Neill* 1883-1973）によって1921年にロンドンからおよそ100マイル離れたサフォークに創設されたサマーヒル学園（Summerhill）である。彼の学校における実践はそのラディカル性において非常にユニークであった。サマーヒル学園の教育理念は「自由」であり，この学校の特徴は次のように要約できる。1．男女共学制，2．教職員と生徒による学校自治，3．自由を保障する共同社会の形成，4．手工と労作活動の重視である。サマーヒル学園では，生徒に徹底して自由を保障するために，可能な限り規則的なものは排除された。この学校では，生徒が学ぶ対象は，まさに生徒が学びたいと欲するものであった。したがって，生徒を教育するに際し，この学校では，あらかじめ具体的な内容や方法が規定されてはいなかった。こうした規定を含めて，教育に関するあらゆる規則や制度は，生徒の自由を抑圧するものと考えられた。

引用・参考文献

　ドモラン（原聡介訳）『新教育——ロッシュの学校』明治図書，1978年。

　ニイル（霜田静志訳）『人間育成の基礎』誠信書房，1962年。

　リーツ（川瀬邦臣訳）『田園教育舎の思想』明治図書，1985年。

　レディ（財満寿子訳）『指導者を育成する学校』明治図書，1989年。

（山本孝司）

more シュタイナー——自由ヴァルドルフ学校の創始者

シュタイナー（Rudolf Steiner 1861-1925）は，オーストリア・ハンガリー帝国領（現在クロアチア領）の小さな村で生まれた。自伝によれば，彼は幼い頃から目に見えない霊的世界に魅かれていた。実業学校を経てウィーン工科大学に入学したが，哲学や文学に興味をもち，また，霊能のある人物からも大きな影響を受けた。一方，学生生活では社交的で，友人とも親しく交わった。大学卒業後は家庭教師の経験をしたり，ゲーテの研究に携わったりした。ヴァイマール及びベルリンでは，学術的な研究を進めるとともに，36歳で認識上の変化を経験した。身体を通して感覚された世界を観察するという，他の人々には当たり前の能力が芽生えてきたのである。彼はそれ以降，霊的世界についても積極的に発言し始めた。そして新世紀を迎えた頃，彼の世界観を支持する人々が現れ，その後は霊的指導者として，執筆だけでなく6,000回以上の講演を行うなど，精力的な活動を展開し，演劇，建築，医療，農業，教育などにもその活動の場を広げた。

まずはシュタイナーの発達観を見ていくことにしよう。彼は，肉体／エーテル体（生命体）／アストラル体（感覚体）／自我を区別する。そして，これらの体のいずれに働きかけるべきかが，7年周期の発達段階により異なっているとする。初めの三つの段階については，以下のようになる。

第1・7年期：肉体へと働きかける時期（0〜7歳：永久歯が生えるまで）

人間は，胎児のときには母体に護られているのだが，生まれるときに，母体というさやが取れて，外界の物質的な環境へとさらされる。この時期には，適切な環境と働きかけのもとで，肉体が健やかに形成されるようにしなければならない。例えば，視覚を健全に育てるためには，子どもたちが過ごす空間の光や色の具合に気をつけるべきである。幼児期は，まだ記憶力を養う時期ではなく，感覚器官へと働きかけて心地よい印象を全身に浸透させる時期である。そうすることによって，子どもには生きる喜びや楽しさが育まれ，意識によっては制御できない〈意志〉の部分へと働きかけることができる。また，この時期の子どもは大人を手本としてそのまねをする傾向にあるので，周囲の大人は，子どもの模範となる振る舞いをするよう，

第1部　西洋教育思想史

最大限の配慮をしなければならない。

第2・7年期：エーテル体へと働きかける時期（7〜14歳：思春期まで）

　エーテル体とは，人間が植物や動物と共有している生命力のことである。この時期には，子どもの〈感情〉の世界を豊かに耕す必要がある。例えば，偉人の伝記を読み尊敬の念を抱いたり，自然や宇宙の美や神秘に触れたりする体験は，この時期の子どもにとって貴重である。

第3・7年期：アストラル体へと働きかける時期（14〜21歳：思春期）

　アストラル体とは，動物と人間が共有している意識のことである。この時期になって初めて，子どもは「世界は真実だ」と感じ取れるようになるため，教師はその知性へと働きかけることができる。

　以上のような発達観をもとに設立されたのが，自由ヴァルドルフ学校である。この学校には，かなり際立ったいくつかの特徴がある。①「エポック授業」では，午前中2時間，4週間ほど連続して，子どもたちは一つの教科に集中して取り組む。②小中高の12年一貫教育のうち，初めの8年間は同じ教師が担当をする。幼いうちには一人の権威ある人物に付いて学び，その教師との信頼関係をじっくり育んだほうがよいからである。③数値での通知表がない。その代わりに，担任が文章で学校生活の様子を詳しく綴る。テストもほとんどない。④あらゆる授業が芸術との関わりのなかで構想される。文字学習の前に様々な線や形を描いてみる「フォルメン」という作業や，「オイリュトミー」という身体表現の授業は，よく知られている。今日，シュタイナー教育を実践する幼稚園や学校は，世界各地に3,000校近くある。日本でも私立学校として認められたところもあり，全国へと着実に広がっている。

引用・参考文献

子安美知子『ミュンヘンの小学生』中公新書，1975年。

シュタイナー（高橋巖訳）『シュタイナーコレクション1子どもの教育』筑摩書房，2003年。

シュタイナー（高橋巖訳）『教育の基礎としての一般人間学』創林社，1985年。

シュタイナー（伊藤勉ほか訳）『シュタイナー自伝Ⅰ・Ⅱ』ぱる出版，2001年。

（石村華代）

13 モンテッソーリ —— 「子どもの家」で生まれたメソッド

【キーワード】 子どもの家　感覚教育　自己訂正　敏感期

■生　涯

モンテッソーリ（Maria Montessori 1870-1939）は，イタリアの地方都市で生まれた。両親が教育熱心だったこともあり，幼い時にローマへと引っ越して，そこで小学校生活を過ごした。両親は敬虔なクリスチャンで，幼いころから周りの人々に奉仕するようしつけられた。数学に関心をもっていた彼女は，当時男子しか入学が許されていなかった技術学校に，周囲の反対を押し切って14歳で入学した後，ローマ大学医学部への進学を果たした。周囲に認められるため，人一倍の努力をして学業に励んだ。男性の前で女性が死体解剖をするのは望ましくないと言われ，深夜に一人，多くの死体が安置してある場所で解剖を行い，恐怖のあまり一時的に逃げ出してしまったこともあったという。それでも強靱な意志で無事に卒業を果たしたモンテッソーリは，イタリアで初めての女医として活動し始めた。1898年より2年間，彼女は治療教育の研究のために，知的障害のある子どもを対象に授業を行った。そのさい，ここで開発した方法が，一般の子どもにも適用できるのではないかと直感した。

この直感を実際に試すチャンスは1907年に訪れた。ローマで「子どもの家」(Casa dei Bambini）を開設することになったのだ。集まった幼児はみな，貧しい家庭で育ち，正直ではあったがきちんとしたしつけが行われていなかった。しかし，彼女が開発した教具を中心とした保育が行われるようになると，子どもたちの様子はがらりと変わった。子どもは落ち着き，従順で，協調的になり，4歳で読み書きができるほど，知的にも成長した。モンテッソーリの優れた教育法はたちまち話題となり，世界中から脚光を浴びた。

しかし，イタリアでは1920年代にファシズムが台頭したため，彼女はスペイン，次いでオランダへと移住した。彼女は晩年まで精力的に世界中を回り講演

第1部　西洋教育思想史

などをしたが，そのさい，一人息子であるマリオがよき同伴者となった。彼女は望まずして未婚の母であったし，子育ても自分の手ではできなかったため，その私生活についてあまり語られることはない。しかし，息子が自らの教育事業を引き継いでくれるほどに彼女を理解したことは，大きな喜びだっただろう。

■「子どもの家」での実践

　モンテッソーリが運営した「子どもの家」には，3〜7歳の幼児が預けられた。貧しい家庭の女性でも幼児を預けて仕事をすることができるように，また，一定の教育上の成果を上げられるように，一日に8〜10時間程度，子どもたちはそこで生活をした。「子どもの家」では，子どもたちが清潔を好むように環境がいつも美しく整えられ，園芸，動物の世話，体操，食事，入浴，粘土細工など，様々な活動が行われた。このような活動のなかでもとりわけ特徴的だったのが，実用生活の練習と，教具を使った感覚教育であった。

実用生活の練習　手洗いや歯磨きなどをしたり，ほうきや雑巾を使って掃除をしたり，靴や衣類の手入れをしたり，動植物を育てたり，食事前にテーブルを準備したりと，日常生活には子どもにもできる仕事がたくさんある。子どもはこのような仕事にきちんと取り組める存在だということを，モンテッソーリは発見した。また，彼女は子どもが指先に神経を集中させて洋服を着脱できるように，各種の着衣枠を開発した。例えば図1の着衣枠では，ボタンをボタンホールに通す練習をすることによって，子どもは日常でも大人の手を借りずに自分の手で行う喜びを味わうことができる。

図1

教具を使った感覚教育　図2の「はめこみ木材」は，2歳半〜3歳の幼児でも夢中になって取り組むことができる最初の教具である。この教具では，つまみの付いた10個の円柱

図2

104

VI 新教育運動の成立と展開

図3

形の木材が使用される。円柱は底面の長さが2mmずつ段階的に異なっているのだが、子どもはそれらの大きさの異なる円柱をじっと観察し、ぴったり大きさの合う穴へとさしこむ。円柱が穴に入らなかったり、円柱よりも穴の方が大きかったりした場合には、子どもは自分で間違いに気づき、他の適当な穴を探す。

他に、高さが5mmずつ違う「はめこみ木材」のセットもある。

同じように大きさの違いを感覚的に捉えるための初歩的な教具に、**図3**の「ピンクタワー」がある。子どもは、大きさが異なるピンクの立方体を10個、緑のじゅうたんの上に順に積んでいく。一番下の立方体は一辺が10cmであり、1cmずつ短くなって、一番上は1cmとなる。この教具でも、例えば小さい立方体の上に大きい立方体を置くと、タワーの形がいびつになるので、子どもたちは自己訂正をすることができる。

視覚を開発する教具だけでなく、手触りや温度や重さなどの違いを触覚で感じ取らせるための教具もあるし、聴覚・味覚・嗅覚へと働きかけるものもある。どの教具で作業をするにしても、子どもには、細かな違いに注意を向け、あるものと他のものとを比較し区別する能力が求められる。つまり、感覚教具を通して幼児期に十分に手先を動かし、感覚を鍛えられて育った子どもは、知的にも人格的にも成長する傾向にある。

また、重要なのは、子どもが教具に導かれて、自ら活動したり間違いを見つけたりしながら自己教育することである。子どもは、自分の好きな教具を選んで棚から出し、教師にどうやって教具を使えばよいかを示してもらう。教師による簡単な説明が終わったら、子どもは教具を自分の好きな場所に持っていき、集中して作業を行う。そして終わったら、自分で元あった場所に教具をしまう。

このような一連の流れでは、「教師は少し教えて多く観察する」役割を担う。教師は、子どもがどの教具を使用しているか、どれくらい長く集中現象が見られるかなど、子どもの様子をじっくり観察することを心がける必要がある。そのさい、言葉は必ずしも必要ではなく、ごく短い言葉をかけるだけでもいい。

第1部　西洋教育思想史

例えば，色違いの巻き糸を使って赤と青の観念を教える場合には，「これをご
らんなさい」と言い，「これは赤です」「これは青です」と示した後で，「赤い
色をください」と述べて，子どもが理解できたかどうかを確認する。「ここに
巻き糸があるね。この二つの巻き糸は色が違うんだよ。見てごらん。」などと
いう具合に，言葉に含まれる情報量を増やしてはならない。また，子どもに説
明が伝わっていない場合には，同じ内容を繰り返さずに別の機会を利用する。
彼女は，教師の主な役割が説明したり教え込んだりすることではないのを明確
にするために，「子どもの家」の教師（teacher）を指導者（directress）と呼んだ。

■ モンテッソーリの発達観：いろいろな敏感期

　モンテッソーリが「子どもの家」で感覚教具を開発したのは，3〜6歳の時
期に子どもの感覚が著しく発達することに気づいたからである。これを「感覚
の敏感期」と呼ぶ。敏感期とは，人間の一生に一度だけの，特別な感受性が働
く時期のことである。周囲の大人は，その時期を見計らい働きかけを行わなく
てはならない。その働きかけは，敏感期より早すぎても遅すぎてもだめなので
ある。また「子どもの家」では，体を全体的に動かしたり，腕・手首・指先と
いった体の各部分を使ったりする活動が多く取り入れられていた。それは，彼
女がこの時期を「運動の敏感期」として捉えていたからである。例えば，床に
ゴミを見つけたら，ほうきを持った手をそこまで伸ばして掃く。そういう感覚
器官と運動器官（ここでは目と手）の共同作業がうまく行われるようになるよ
うな訓練を，この時期の子どもは積む必要がある。

　「秩序の敏感期」というのもある。これは生後数か月から見られ，2〜3歳
をピークとし，6歳ごろに消滅する。この頃の子ども（とりわけ2〜3歳児）
は，ある物がいつもの場所に置かれていないとか，何かを行うときの順番がい
つもと違うとか，他の人が自分のものを使っているとか，そういった細かい秩
序にこだわりを見せる。周囲の大人にとっては不可解なこだわりも，秩序を好
む子どもにとっては意味あるものである。この時期は，子どもの秩序感に沿っ
て，周囲を整頓し，なるべくいつもの流れで生活をするのが望ましい。

　それでは，「言葉の敏感期」はどうだろうか。子どもはまず，周りの人たち

106

が話す言葉をぐんぐん吸収し，それをまねしようとする。そして，2歳の終わり頃までに言葉の爆発期を迎える。この時期を境にして，子どもの言語表現力はぐんぐんと増していく。3歳を過ぎると，話し言葉だけでなく，書き言葉の学習に着手してもいいし，少なくとも5歳までには始めるべきである。書き言葉の学習では，書くことへと手を訓練してから，図形なぞり，文字なぞり，文字合わせなどの作業へと発展していく。それからその後を追うようにして，文字の発声ではなく，その解釈としての読み方の訓練が始まるのである。『子どもの発見』(1948) によれば，「書くことは読むのに先行する」のである。

また，「数の敏感期」もほぼ同時期である。例えば，「はめこみ木材」や「ピンクタワー」のような感覚教具は，すべて10個を1セットとして設計されているが，これらは10進法への導入となる。段階を踏んで着実に算数教育を行えば，6歳児でも加減乗除の基礎的な計算をすることができるはずである。

このような読み書き算の早期教育は，世界だけでなく日本でも多くの保育者や親に支持されている。今日，日本の幼稚園等で，すべてモンテッソーリ法を取り入れている施設は400か所を上回り，モンテッソーリ法と他の教育法を併用している施設は2,000か所をこえたそうだ。ただし，以下の点には留意が必要である。①彼女は「子どもの家」で体操や園芸などの，教具以外の活動も重視していたこと。知育偏重ではなく，全体的な人格形成を目指していたこと。②現代の日本では一般的に，読み書き算が小学校段階で導入されており，モンテッソーリ式の幼児教育を採用するならば，小学校との接続が問題となること。もしモンテッソーリ法を支持するならば，小学校以上ついても一貫した方法で行われる学校が本来は必要であること。

引用・参考文献

相良敦子『ママ，ひとりでするのを手伝ってね』講談社，1985年。
モンテッソーリ（阿部真美子・白川蓉子訳）『モンテッソーリ・メソッド』明治図書，
　　1974年。
ルーメル監修『モンテッソーリ教育用語辞典』学苑社，2006年。
ルーメル『モンテッソーリ教育の精神』学苑社，2004年。
　　写真提供：日本モンテッソーリ協会　　　　　　　　　　　　　　　（石村華代）

Ⅶ　現代における教育思想の展開

第一次世界大戦以降の戦争は，これまでの戦争と異なり，国家がそこに属する人々をその思想や所有物も含めて組織化し総動員する「総力戦」となった。子どももその例外ではなく，強制収容所や原子爆弾の投下に象徴されるような各地での虐殺の犠牲者になった。また，子どもたちは日常においても戦争体制に巻き込まれ，学校は戦争を賛美する考え方を内面化させるための場，戦争遂行のための準備や支援をする場と化した。

　本章では，20世紀に提唱された教育思想を取り上げるが，どの思想もそれが唱えられた時代背景ときわめて密接に関わっている。

　シュプランガーとボルノウは，精神科学的教育学の代表者である。彼らは，二つの大戦で混迷を極めたドイツで，人間とはどのような存在か，何であるべきか，などの問いを教育現象との関わりの中で明らかにしようとした。両者ともに，ナチス政権下で学問研究に従事し，その間のナチズムとの関係については様々な解釈が寄せられている。

　第二次世界大戦が終わると，世界は冷戦へと突入した。そのような状況の中，ソビエトは1957年に人工衛星スプートニクの打ち上げに成功した。この「スプートニクショック」を受け，西側諸国では，科学技術の振興という社会的要請から学校における科学教育の在り方が問われるようになった。そのような中でアメリカの心理学者ブルーナーは，『教育の過程』（1960年）をまとめ，学習者が自ら教材の構造を見出し，その発見の喜びを味わえるようにする「発見学習」を提唱した。

　また，フランスのラングランは，第2次世界大戦でのレジスタンス運動の経験を踏まえ，変化の激しい現代社会に対応するための生涯教育の重要性を主張した。このような生涯教育・生涯学習の理念は UNESCO（国際連合教育科学文化機関）を通じて広がり，世界中の多くの人々に共有されている。

　一方，イリイチやフーコーは，学校化社会の病理や，学校制度の本質をなす管理的側面に着目し，鋭い批判的分析を行った。彼らの批判に目を向けずして，現在の学校を語ることはできない。その批判にどのように応えていけばよいのかをたえず問うこと——それが，新しい教育のかたちをつくる私たちに一人ひとりに宛てられた課題である。

（石村華代）

Ⅶ 現代における教育思想の展開

14 ボルノウ──信頼と希望の教育学

【キーワード】 実存哲学　出会い　人間学

■ 生　涯

ボルノウ（Otto Friedrich Bollnow 1903-1991）は、北ドイツのシュテッティンに生まれる。大学では理論物理学を学び、ボルンの下で博士学位取得。その後の教師体験から哲学と教育学の研究へと向かい、ベルリン大学等で研究を行う。ギーセン大学、マインツ大学を経て、シュプランガーの後任としてチュービンゲン大学教授となり、ドイツ教育学会の初代会長も務める。

研究者受け入れや来日講演など、わが国との学術交流にも積極的で、多くの著作が邦訳されている。

■ 実存哲学

ボルノウは、現代を代表するドイツの教育学者として知られているが、『実存哲学概説』（1943）や『実存哲学と教育学』（1959）などの著書があることからわかるように、実存哲学（Existenzphilosophie）と教育の問題を大きく取り扱っている。そこでまずは、実存哲学について概観してみよう。

実存哲学は、20世紀前半の西欧を中心に展開されたもので、マルクス主義、プラグマティズムと並ぶ現代の哲学的思潮に数えられる。実存の概念をボルノウは、「深淵のような不安と絶望、絶対的な無意味さの感情」、「すべてのものが人間に疑わしくなり、人間からすべり落ちていく恐れがあり、自分を支えるものをもはや何も持たない瞬間」などと表現している。私たちが普通に日常生活を送っているときには、このような感情におそわれることは少ないかもしれない。しかし、例えば病に伏したり、それまで想像も付かなかったような出来事に突然出くわしたり、あるいは自分の生き方や将来について真剣に考え込んでしまったりしたとき、一人きりでこのような瞬間を味わうこともあるのでは

111

第1部　西洋教育思想史

なかろうか。このように，実存は，何となく過ごしている日常が何かのきっかけで切り裂かれたときに，私たちが自分の内面を見つめ，無常さや孤独，不安などに向き合うことで立ち現れるものである。

　このような状況には共通して，「明日はどうなるかわからない」という要素が含まれていると考えられる。実存哲学が描いているのは，私たちに前触れもなく突如として迫ってくるものである。例えば，病や死は我々に突然やって来る。医学のめざましい発展によって外側から予見できることが多くなったのかも知れないが，しかし明日必ず死ぬとは断定できないし，自分の心の内では，そもそも自分が死ぬということに対して，明日の朝食を想像するように思い描くことさえできない。実存哲学は，このような人生の瞬間，すなわち予見することができない人間の非連続的な要素を顕わにする。私たちは何となく明日が来るように生きてはいるが，本当は次の瞬間にどうなるかわからない存在であり，そのことは，最終的には他の人とは切り離された個人の内面的問題である。見通すことができない不安な状況を自覚すれば，私たちの周りの世界は違ったふうに見えてくる。「…いまや世界は，まず克服しがたいよそよそしさで人間に立ち向かっているのである。」

■ 教育と非連続的なもの

　このようなことを強調する実存哲学は，教育にはもっとも馴染まない考え方のように感じられる。というのも，通常私たちは，教育活動を連続的なものとして捉えているからである。例えば学校の教師は，学校で今日教えることは，子どもたちの明日のためになると信じているし，子どもたちが日々成長して立派な大人になってもらうことを想定して，それに資するような教育活動を行おうとする。もし教育が連続的なものでなかったら，「明日はどうなるかわからない」のであるから，計画を立てて被教育者を育てていくという発想は成り立たない。今日よりは明日，今年よりは来年，というように，連続的によりよくなっていくことを想定するのが教育活動であると言ってよい。

　そうすると，「明日はどうなるかわからない」実存哲学は，まったく教育的ではない。実存哲学は，「きわめて絶望的な暗いものであったので，この哲学

が究極のものをほんとうに示しているのであれば，教育は初めから不可能に近い」。しかしここでボルノウは，このような非連続的な性格をもつものを，教育のなかで取り上げて考察しようとする。その代表的な例が，「出会い」である。

■ 出会い

　ボルノウが展開する非連続的な要素の一つに，「出会い」（Begegnung）がある。日本語でもそうであるが，ドイツ語でも出会う（begegnen）と会う（sehen）とは異なる。例えば，私たちが知人と約束をして待ち合わせの場所で会ったとき，それは「知人と会った」のであり，「知人と出会った」とは言わない。「出会い」は，偶然に会うのであり，予期せず出くわす場合に用いられる。

　したがってこの「出会い」は，それによってこれまでは想像していなかった事態が結果として生じ，それがその後の自身の人生に大きな影響を及ぼしている場合に強調して使用されることがある。ある人との「出会い」によって生活が変わってしまった，ある事件との「出会い」がこれまでの自分を見直すきっかけとなった，などと表現されるのである。「いずれにせよこの出会いは，強力な形でそれまでの生活の不断の経過を突然に中断し，生活に新しい方向を与えるような，『不特定な形』の一つである。」

　この「出会い」は，多くの人たちが影響を及ぼし合う教育の場面でも現れてくる。実際，教師との「出会い」，級友との「出会い」，さらには特定の教科内容やスポーツとの「出会い」などが語られることは多い。しかし，その場合に私たちはおそらく，その「出会い」を，後から振り返って肯定的に，ノスタルジックに評価しているにすぎない。その「出会い」が生じているまさにその時には，やはりそれは偶然的で突然現れるものであり，それまで想定されていた連続的な営みを破壊するものだったはずだ。結果的に認められればそれでよいかもしれないが，「出会い」によって，図らずもその時思い描いていた近未来とまったく別の方向に向いてしまったり，順調と思われたこれまでの積み重ねを台無しにしてしまったりすることも当然考えられる。「あらゆる実存的な出来事と同じように，この出会いは計画することができない」し，「この出会い

第1部　西洋教育思想史

は予測されることも予期することもできず，任意の瞬間に現れる」のである。

　このような「出会い」は，やはり連続的な営みとしての教育には組み込めず，例えば教師が学校で意図的に「出会い」を演出することなどできない。しかしボルノウは，そうであったとしても，非連続的な「出会い」は教育活動においては必然的に生じることなのだと認識しておくことが重要であると考える。すなわち，教育は，連続的な成長発達を願って計画的に遂行されるべきものではあるが，そのことは，実際にその計画のとおりに人間ができあがってしまうということを意味するものではなく，常に非連続的な要素が入り込んで様々に展開する可能性を含んでいる。したがって，教育者は，「出会い」のような非連続的なものとその影響に対して十分に理解して準備しておく必要があるというのだ。例えば，このような宿命的な「出会い」に晒されてしまうとき，それができるだけ「よき出会い」となるように側面から援助する，と言ったように。

■ 信頼と希望

　ボルノウの教育における非連続的な要素の分析は，「出会い」の他にも「危機」や「覚醒」など様々な概念に及んでいる。例えばある子どもが学校で暴力行為を働いたとすれば，それは「出会い」と同様，教育計画の外にあるもので，学校にとっても，その子ども本人にとっても「危機」的な状況である。そこでその子どもを断罪して排除することは，教育的関わりではない。そうではなく，その子どもが明日はそのような行為をしてしまわなくてもよいように，何らかの手立てを講じて成長を願うこと，これがもっとも大切な教師の役割である。そこにはあらゆる教育的手立てを尽くした上で成り立つであろう，子どもに対する教師の信頼があり，人間が必然的にまとっている実存的な「危機」的状況を乗り越えていこうとする，教育への希望が含まれている。

　このように，ボルノウは，教育における非連続的要素を十分に認識した上で教育にあたる者は，最終的に被教育者に対して絶対的な信頼を寄せ，教育全体への希望を保ち続けることができるのではないかという。確かに私たちは，「明日はどうなるかわからない」となれば不安を抱えてしまうだろう。しかし，明日が決まってしまっていれば，不安が生じない代わりに，明日への希望を語

ることもできない。希望のない明日に教育は存在しない。私たちは実存哲学によって与えられたインパクトを引き受けながら，かつそれを克服すべく信頼と希望を見いださなければならないのである。

■ 人間学的な教育学：人間理解の重要性

これまでのボルノウの分析の成果は，例えば教育における「出会い」とは，あるいは教育における「危機」とは，私たち人間にとってどのような意味をもっているのか，という具合に，私たちを問いへと誘い，それについて熟考させてくれるものである。ボルノウは，自身の研究活動においてこのような問いや熟考の重要性を一貫して強調してきた。つまりそれは，私たち人間にとって何らかの意味があると思われる事柄を取り上げ，それを教育との関連のなかで様々な観点から解釈して理解しようと努めることである。このような立場を，ボルノウは，人間学的な教育学と呼んでいる。

この人間学的な教育学は，最終的によりよい人間理解を目指している。教育活動において人間理解が重要であることは言うまでもない。私たちにとって最も大切なことは，客観的な分析なども含めた様々な資料から，果たしてそれが人間にとってどのような意味をもちえているのかを問うことであり，それを熟考して理解しようとすることである。そこからのみ私たちは最善な教育的関わりを模索することができる。人間理解に終着点はなく，教育者は辛抱強く常に新たに問い続けなければならない。いま教育の場面で起こっている事態は，人間にとってどのような意味をもっているのか，と。

引用・参考文献
ボルノー（森田孝・大塚恵一訳編）『問いへの教育　増補版』川島書店，1988年。
ボルノー（塚越敏・金子正昭共訳）『実存哲学概説』理想社，1962年。
ボルノー（浜田正秀訳）『人間学的に見た教育学』玉川大学出版部，1969年。
ボルノウ（岡本英明訳）『教育学における人間学的見方』理想社，1973年。
　　写真提供：広岡義之氏

（石村秀登）

第1部　西洋教育思想史

more シュプランガー——生の形式と文化教育学

シュプランガー（*Eduard Spranger* 1882-1963）はドイツの教育学者，哲学者，心理学者である。

シュプランガーは1882年にドイツのベルリンに生まれた。幼いころからピアノと作曲を学び，最初は音楽家を目指していたが，周囲の反対によって断念し，哲学研究の道に進んだ。1900年にベルリン大学哲学部に入学し，当時ベルリン大学教授であったディルタイとパウルゼンから大きな思想的影響を受けた。1909年に教授資格論文を提出し，ベルリン大学の私講師となる。1911年にライプツィヒ大学の教授となり，教育学研究のために大学に派遣された国民学校教師の指導に携わった。1920年にベルリン大学の哲学と教育学の教授となり，1921年にディルタイの影響を受けて構想し続けてきた精神科学的心理学に関する著作『生の形式—精神科学的心理学と人格性の倫理学』（邦訳『文化と性格の諸類型』）を公刊する。1933年にヒトラーが政権を獲得したことに対してシュプランガーは大学に辞表を提出して抗議の意志を示そうとしたが，同僚や学生の慰留により撤回された。その後，1936年から37年までシュプランガーは交換教授として日本に派遣されるが，これはヒトラーに批判的であったシュプランガーをしばらくドイツ国外に追放するという政治的意味合いもあったと言われている。1944年にはヒトラー暗殺未遂事件に関わった容疑により逮捕，収監されるが，日本大使館の仲裁もあって2カ月後に出獄した。1946年にチュービンゲン大学の哲学の教授となり，ドイツの教育と文化の再建に尽力した。

シュプランガーはディルタイの精神科学の構想に対して，人間とは何であるかを歴史的に解明することができる点で評価しながらも，人間が何であるべきかを解明できないと批判した。そして，文化や人間の生き方を類型化することによって，人間が求めるべき価値を「規範的精神」として客観的に提示し，それを求めて生きようとすることで真正な文化の理念に近づくことができると考えた。そして，シュプランガーは文化伝達を通じて人格を形成し，良心を覚醒させる文化教育学を主張した。

シュプランガーは『生の形式——精神科学的心理学と人格性の倫理学』において，

116

認識・経済・芸術・宗教・政治・社会の六つの文化領域に対応した価値として真・効用・美・聖・権力・愛を挙げている。そして，現実の個人はこれらの価値すべてを追求するが，そのなかでも中心的に追求する価値に従った個性の類型として理論的人間・経済的人間・美的人間・宗教的人間・権力的人間・社会的人間を挙げている。そして，道徳的価値についてはすべての人間が追求するべきものであり，他の価値間の葛藤を統一する価値であるとした。その上で，シュプランガーは，人間には価値を受け入れたり価値を作り上げたりする能力が備わっており，心の中にある価値への憧れを見いださせ，目覚めさせることが教育である，とした。

彼は，これら六つの価値を受け入れたり価値を作り上げたりする能力を最も簡単な形で習得させる教育を，基礎陶冶として小学校で行うべきことを主張した。基礎陶冶においては，郷土と子どもの世界から出発して文化の理解へと導く郷土科教育が中心に置かれている。郷土科は子どもが生まれ育った土地を地質・植生・気象・文化・経済・宗教など様々な側面から体験に基づいて意味づけ，理解する教科である。

シュプランガーの文化教育学は理想主義的であるが，文化と教育の関係を初めて主題的に考察したものであり，1920年代のドイツ教育学において主流を成し，我が国の教育学研究にも大きな影響を及ぼした。

引用・参考文献

シュプランガー（伊勢田耀子訳）『文化と性格の諸類型』明治図書出版，1961年。

（吉田　誠）

第1部　西洋教育思想史

15 ブルーナー——学習に発見の喜びを

【キーワード】　構造　動機付け　発見学習

■ 生 涯

　ブルーナー (*Jerome Seymour Bruner* 1915 - 2016) は，ニューヨークに生まれる。ハーバード大学で心理学を学び，認知機能の実験的研究を行い，子どもにおける認知の発達過程や教育の過程に関して大きな成果を残す。アメリカにおいて，様々な政府機関の顧問や委員を歴任。アメリカ教育の中心問題であった科学教育振興に貢献する。

■ 『教育の過程』(*The Process of Education*)

　1957年のソビエトによる人工衛星スプートニク打ち上げ成功は，アメリカに大きな打撃を与えた。当時は，社会体制をめぐり，社会主義を代表するソビエトと，資本主義を代表するアメリカが対立を強めていた。ソビエトの科学技術水準の高さを知らしめるこの出来事は，アメリカの危機感を募らせた。そして，アメリカの科学技術を高めるために，学校教育の改善が叫ばれるようになったのである。そのような中で，1959年 9 月，全米科学アカデミーは，ケープ・コッドのウッヅ・ホールに35人の科学者や教育者を集め，初等・中等学校における自然科学教育をどう改善するのかを討議した。その会合は10日間招集されたが，この会議の報告を議長であったブルーナーがまとめあげ，書物にしたものが『教育の過程』(1960) である。報告とはいえ，会議の記録を並べたものではなく，ブルーナーの学習心理学の立場から全体が集約され構成されているものである。

　「どの教科でも，知的性格をそのままにたもって (in some intellectually honest form)，発達のどの段階のどの子どもにも効果的に教えることができる」。これは，『教育の過程』のなかでブルーナーが述べたことで，彼が目指す教育の姿をもっともよく表す言葉として知られている。教え方を工夫すれば，教育内容をごまかして単純化したり，あえて水準を下げたりせずとも，誰もが効果的に

118

その内容を習得できるということであるが，どのようなやり方をすればそれが可能になるのだろうか。

■ 構造を把握する

ブルーナーは，『教育の過程』において次のように述べている。

「教科の構造を把握するということは，その構造とほかの多くのことがらとが意味深い関係をもちうるような方法で教科の構造を理解することである。簡単にいえば，構造を学習するということは，どのようにものごとが関連しているかを学習することである。」

ブルーナーは，構造把握の例として，屈性や走性の原理（生物が外界の刺激に対して一定方向に曲がったり移動したりする性質）を挙げ，尺取り虫が傾斜をどのように上っていくかという個別の実験を取り上げている。尺取り虫はおよそ15度の傾きで上に向かって上るのだが，この結論は，尺取り虫の個別の性質を表していると同時に，ほかの生物や植物についても同じような原理，すなわち刺激に対して生物がどのように反応するのかということに関する原理を含んでいると考えられる。したがって，尺取り虫の実験は，屈性や走性の原理という，より一般的な内容の把握につながっており，それはすなわち構造を学習することにほかならない。そしてここで獲得された一定の原理は，さらに転移して様々な領域で応用される。

このようにして構造を把握するためには，学習者が，他の物事にも関連して当てはまる原理を発見するというプロセスが必要であるという。そのためには，仮説を立てることが必須となる。尺取り虫を紙の斜面に乗せると，およそ15度の傾きで上に向かって上る。それでは，他の虫はどのように反応するのだろうか。もしかすると，どの虫も同じような角度で傾斜を上っていくのではないだろうか。あるいは，虫の種類によって上っていく角度が決められているのではないだろうか。さらに，他の動物や植物も，外界からの刺激に対して一定の反応を示すのではないだろうか。このような仮説を，学習者は，実験したり，資料収集したり，調査をしたりして検証し確かめる。そして何らかの一定の法則，すなわち個別の結果から他の物事にも関連している原理を見出したとき，学習

第1部　西洋教育思想史

者は自分自身で構造を発見するというプロセスを経たのである。

　このようなプロセスは，科学者が科学的発見をするのに類似しているという。「ちょうど物理学者が，自然のもっている窮極の秩序と，その秩序は発見できるものであるという確信とに関して一定の態度をもっていると同じよう」な仕方で学習することが求められるのである。

■ 発見の喜び：動機付け

　ブルーナーが構造の発見を重視する最大の理由は，それに伴って大きな喜びが湧き出てくることにある。「重要な要素は，発見をうながす興奮の感覚であるように思われる。ここで発見というのは，以前には気づかれなかった諸関係のもつ規則正しさと，諸観念の間の類似性を発見するということであり，その結果，自分の能力に自信をもつにいたるのである。科学や数学の教育課程を研究してきたいろいろなひとびとは，生徒が独力で発見する力がつくように刺戟する教材の若干の順次性をもちつづけるような方法で，学問の基本的構造を生徒に提示することが可能であると主張している。」

　構造，すなわちことがらの規則性や類似性を自ら発見すると，発見の喜びに包まれてさらに学習を前へ進めていくための動機付けとなる。このように，ブルーナーは，学習者の発見的なプロセスが学習の主体性を喚起することに着目しているのである。そうすると，学習者にとって重要なのは，個別のことがらの知識を蓄積することではなく，知識を獲得するための方法，すなわち，個別のことがらから一般的な構造を発見的に見出していく能力であり，それは学習の仕方を身につけることにほかならない。

　このような考え方は，ブルーナーが研究する認知学習心理学の立場から出てきたものである。認知の過程，すなわち記号で表された情報を獲得し，組織し，変形する過程では，情報を変容する学習者の主体的営みが重要な意味をもっているのである。『教育の過程』の解説には，次のように述べられている。「外から与えられる賞罰ではなく，学習者が能動的に行うこの主体的営みの完遂に伴う喜びの感情が学習の動機となる。情報を変容すること，つまり，新しい問題に対処して情報を操作し，その情報を越えてすすむことによってその問題に対

120

VII 現代における教育思想の展開

処するのが学習の本質であって，それはいわば発見の方法であり，学習とは発見することだということになる。」ブルーナーの学習理論が発見学習と呼ばれるのは，このように，喜びを伴った学習者の主体的な発見が大きな役割を担っているからなのである。

■ 発見学習：わが国での展開

　このような発見学習の考え方は，わが国にも大きな影響を与えている。『教育の過程』は，アメリカでの出版の3年後には日本語訳本が出されており，1968（昭和43）年の教育課程変更にはそれが反映されている。例えば，当時の中学校学習指導要領の「理科」には，その目標に，「基本的な科学概念を理解させ，自然のしくみや，はたらきを総合的，統一的に考察する能力を養う。」「物質に関する事物・現象のなかに問題を見いだし，観察や実験を通して情報を集め，推論し，仮説をたて，検証を行なって，法則性を発見したり，自然現象を解釈したりする方法を習得させる。」などと記載されている。これ以前の学習指導要領には見られなかったこのような記述には，ブルーナーの発見学習の理論が大きく影響していると言える。

　また，わが国では，科学教育の分野でよく知られている板倉聖宣が「仮説実験授業」を提唱しているが，この考え方はブルーナーの発見学習と極めて近いものである。彼は，「仮説実験授業」について次のように説明している。

　「〈仮説実験授業〉というのは，結局，面白い問題，子どもや大人がとびつくような面白い問題をうまく配列して，そして最後には，そういう問題に通ずる法則や理論がうまく使えるようになって，また楽しさを味わえるようにしているのです。」つまり，学習者が仮説を立てて主体的に学習に取り組み，一般的法則を発見的に導き出すことが重要であり，教育者には，それが可能となるような課題を用意することが求められる。板倉は，このような発見的学習を成り立たせる授業が「たのしい授業」であるとしており，仮説実験授業を支持する人々によって現在も『たのしい授業』という月刊雑誌が発行されている。

第1部　西洋教育思想史

■ 発見学習：その可能性

　このような発見学習，すなわち学習者の主体的な発見の興奮と喜びが学習を前へ進めていくような仕方が成立している授業は，残念ながらわが国の学校教育では少ないと言わざるをえない。理由はいろいろと考えられるが，その一つには，例えば板倉が「予習はどろぼうの始まり」と述べて，現在のわが国の学校で当たり前のように課される家庭学習を批判しているように，学校外での勉強によって，学校で発見的に学べなくなってしまっているということが考えられる。学校外での勉強も様々であるからすべて否定されるものではないが，総じて，学校以外のところでたくさん勉強すれば，当然学校の授業でわくわくするものに出会う可能性は低くなる。学校での発見は少なくなり，主体的に学習を進めていこうとする意欲は減退する。このような点から，わが国の学校教育で「授業の達人」として高い評価を得ている教師，例えば国語教育の大村はまなども，家庭学習には否定的である。

　そして，何といっても発見学習では，発見の喜びと興奮を起こすための教師の準備が決定的に重要である。子どもがやる気に満ちて，生き生きと自ら楽しく学習を進められるように工夫することができる。そのような力量を，ブルーナーは発見学習の理論をとおして教師が身につけることを期待しているのではないだろうか。そのためには，科学的な発見の喜びを体得しておくことが必要であるし，教師はつねに学び続けて新たな発見を喜ぶ，知的好奇心に満ちあふれた人間でなければならない。しかし，これはことのほか困難である。なぜなら教師は，長年経験を積むと，同じような教育内容を同じような年齢の子どもたちに同じように教えるということになりやすいからである。発見学習は教えてくれる。教育に携わる者は惰性に陥るべからず。

引用・参考文献

板倉聖宣『仮説実験授業の考え方　アマチュア精神の復権』仮説社，1996年。
大村はま『新編　教えるということ』筑摩書房，1996年。
ブルーナー（鈴木祥蔵・佐藤三郎訳）『教育の過程』岩波書店，1963年。
文部省『学習指導要領』1968年。

（石村秀登）

more ラングラン——関わり合う「生涯教育」社会へ

ラングラン（*Paul Lengrand* 1910-2003）は，フランス北部のパ・ド・カレー県で生まれた。パリ大学（ソルボンヌ）卒業と同時に教授資格を取得したエリートとして若年期を過ごし，リセの教員となった。そのさい，第二次世界大戦の緊迫した社会情勢のもとで，ラングランはナチスドイツへのレジスタンス運動に関わった。そこでは，出自も学歴も職業も文化的趣味も異なる若者たちが，共同で生活し，働き，対話と交流を重ねていた。このような多種多様な成人間の交流を当たり前のものにしたいという志が，その後，「生涯教育」という着想へと発展していく。そして戦後は，カナダの大学での勤務を経て，ユネスコの専門職に就いた。

1965年というのは，生涯教育の歴史をたどるうえで重要な年である。というのも，この年は，ラングランがユネスコの第3回成人教育国際推進委員会で，「生涯教育について」というワーキングペーパーを提出した年だからである。この資料をきっかけにして，「生涯教育」という用語がまたたく間に世界中に浸透し，議論されるようになった。

さて，この資料は「教育は児童期・青年期で停止するものではない。それは，人間が生きているかぎり続けられるべきものである」という有名な一文から始まる。生涯を通じての発達という発想はもちろん，これまでの人類の歴史にも見られたが，それは一般に人格形成を意味していた。一方，ラングランは知的発達に着目し，人々が一生涯にわたって学び続けなければならないことを説いた。そのさい，生涯教育は「個人ならびに社会の永続的な要求」に応えなければならないとされた。つまり，個人の学びたいという気持ちと，社会的に要請されるニーズの双方に対応できるような生涯教育が求められたのである。

生涯教育という着想は，学校教育にも影響を及ぼす。知識を「つねに変化するものであり，たえず発展するもの」と捉えれば，児童期・青年期の学校教育では不十分である。また，誰もが一生涯かけて学び続ける社会を実現するという視点に立てば，学校教育の期間に一生分の知識を詰め込まなければならないという強迫観念か

第1部　西洋教育思想史

ら解放されるだろう。子どもたちは，よりよい学歴や職業を手に入れるために記憶力の競争をさせられているが，そのような学校教育の在り方は見直されるべきである。学校は，子どもが生涯学びつづけようとする意欲と能力を養うために，「学ぶことを教える」場となるべきである。

　また，このような学校改革とともに，生涯教育を社会全体で推進していくためには，文化休暇の保障や勤務時間の調整などの労働条件の充実や，社会教育施設の整備など，議会や政府がしかるべき介入をする必要がある。

　以上のような提案をより詳細に描いたのが『生涯教育入門』である。ここでラングランは，現代に生きる私たちが，科学技術の進歩や政治情勢などによって，生活スタイルや価値観の急激な変化にさらされていることを指摘し，生涯教育という理念の重要性を再度，強調している。そして，このような理念を実現させるためには，主に，以下のような教育が行われるべきだと説いている。

　　・表現への欲求を充足させるための芸術活動や，スポーツを含めた身体活動
　　・マスメディアを通じた情報の収集と，批判的精神や選択能力の涵養
　　・政治や環境などの諸問題に取り組むための市民教育

　生涯教育は，社会の民主的な発展にも貢献する。というのも，生涯教育を通じて，私たちは他人と競い合うのではなく，自分自身に目を向け，学び，自分と問題や関心を共にする仲間と関わり合うことができるからである。生涯教育によって，私たちはお互いの平等を学ぶことができるのであり，それは平和をはぐくむ鍵ともなりうる。

　日本での一連の生涯教育に関する施策や「ゆとり教育」も，実はこのラングランの影響を受けている。ラングランが目指した「学びによって関わり合う社会」の実現に向けて，今，日本社会の，そして私たち一人ひとりのあり方が切実に問われているのではないだろうか。

引用・参考文献

日本ユネスコ国内委員会編『社会教育の新しい方向』，1967年。

ラングラン（波多野完治訳）『生涯教育入門』全日本社会教育連合会，1974／1979年。

　　写真出所：http://www.unesco.org/education/educprog/50y/brochure/unintwo/70.htm

（石村華代）

Ⅶ 現代における教育思想の展開

16 イリイチ──学校化された社会への批判者

【キーワード】 脱学校論　価値の制度化　自立協働性

■生　涯

　イリイチ（*Ivan Illich* 1926-2002）は，裕福な家庭に生まれたが，父を早くに亡くし，母親がユダヤ人だったため，ナチスにより出生地ウィーンを追われた。大学では神学・哲学・歴史学等を修め，渡米。ニューヨークの教会でカトリックの聖職者として働いた。そのさいに貧しいプエルト・リコ系移民と接したのだが，彼らはニューヨークでもプエルト・リコにいる時のように生活していた。「善意の」人々は彼らの生活様式を改めさせ，都会へと同化させようとしていたが，イリイチはそうしたやり方に疑問を感じた。そのため，プエルト・リコのカトリック系大学の副学長になってからは，積極的にプエルト・リコの文化などを研究することに努めた。その後，メキシコに宣教師養成のための国際文化資料センター（CIDOC）を設立し，ラテンアメリカに焦点を当てた社会制度に関する研究を行った。2002年に76歳で亡くなっている。

　イリイチの人となりに触れるために，その来日時のエピソードを挙げたい。1986年，イリイチは一人の若手研究者とともに国連大学の招きで来日した。講演のため東京を離れることもあったが，その年の秋から冬にかけて，彼らは，池袋に古いアパートを借り，こたつしかない部屋で生活した。二人の暮らしぶりは質素で，日本の平均的な水準以下であった。イリイチは，国際的にも最先端の都市である東京において，高層ホテルではなく低層アパートの目線で，私たち人類の文明がどこへ向かおうとしているのかを感じ取ろうとしたのかもしれない。木と泥でできたガンジーの簡素な住まいを理想とした彼は，ラテンアメリカに拠点を置き，第三世界の決して豊かではない人々の立場から，先進国の人々に向けて「もう一つの」世界の見方を提供しようとした。これからその「もう一つの」世界の見方について，イリイチとともに考えていきたい。

125

第1部　西洋教育思想史

■ 脱学校論

　学校教育は世界中に普及すべきであり，すべての子どもたちが（あるいはまた大人たちが）学校に通い，そこで学ぶ権利を保障されるべきだという考えは，今日，「良識ある」人々に共有されている。ところがイリイチは，そのような「良識」を疑い，新しい学びの様式を構想した。

　彼は『脱学校の社会』（*Deschooling Society*）で，鋭い学校批判を展開している。まず，この書では，義務制の学校教育制度の廃止が提言されている。このような提言に対しては，そのような極端なことを主張せずとも，例えば，フリースクールのような学校の代わりになるところを利用しやすくしたり，教師が権威的な態度ではなく生徒とより対等な立場で接しようとしたり，学校の環境やカリキュラム，教育方法などを工夫したりすればよいのではないか。そういった疑問が当然，生じるだろう。

　しかしイリイチは，そのような小手先の改善では，学校制度そのものが抱える本質的な問題を克服しえないため，社会全体を「脱学校化」しなくてはならないと主張する。彼によれば，「『学校化』されると，生徒は教えられることと学ぶことを混同するようになる」。そして，教えられれば教えられるほど，「生徒たちの想像力も学校化されて，価値の代わりに制度によるサービスを受け入れるようになる」。つまり，人々は，学んだり，職業に就いたりするためには，「何を学べばいいか」ではなくて，「どの学校にいけばいいか」を考えるようになる。自分の年齢や希望に見合った学校を選択すれば，後はその学校のカリキュラムに従って科目を履修していけばよい。そこでは，学習者が学習内容を主体的に選択する必要はなく，学校のカリキュラムに乗せられて，決められた通りに学んでいけばよいのだ。よって，与えられたカリキュラムを全部こなしてしまえば，本来の実力が伴っていなくても，学歴や免許を手に入れることができたり，学んだ知識や技術に関連する職業に就いたりすることができる。

　学習が価値をもつのはほとんど，それが制度によって保証されたときに限られる。これは，洋服の価値がしばしば品質よりもブランド名で決められるのと似ている。ブランド品は，その品質ではなくその名前ゆえに優れているとされる。同じように，人間は，その能力ではなくその学歴ゆえに長けているとされ

るのである。よって，いくら有能であっても学歴がなければ，世間で評価されることはほとんどない。これをイリイチは「価値の制度化」と呼ぶ。ある人が学んだことの価値は，身近な人々の反応や本人の手応えではなく，制度としての学校が設定したものさしによって測られるのである。

　この「価値の制度化」は，「社会の分極化，および人々の心理的不能化」をもたらす。例えば，現在，高等学校への進学率は100％に近づき，短期大学を含めた大学への進学率も6割に迫っている。このような日本の教育環境においては，高校・大学へ進学しないと，そこで学ばなければならなかったことを学んでおらず，何も身についていないというコンプレックスにさいなまれがちである。「その教育機関で何を学んだか」「その期間に何を身につけたか」ということではなく，一定期間の在籍をするかどうかが，人々にとっての問題となる。

　イリイチの脱学校論は，学校の廃止ではなくその非公立化を目指したものである。学校が莫大な国家予算を投じて公的に維持されるのは，読み書き算などの基礎的な学力を培うために必要不可欠な機関だからではなく，それが選別の機能を果たすからである。フレイレによれば，目の前の情報が自分にとって重要だとわかれば，人は非識字の状態であっても，何とかその情報の意味を解読しようとする。そうやって学べば，人はまたたく間に読み方を覚えていく。「必要は発明の母」なのである。よって，読み書き算などの基礎学力を身につけさせるために，莫大な時間とお金をかけている現行の学校システムは全く不合理である。ただし，学校を選別と支配のシステムとして捉えれば，それはきわめて合理的である。つまり，低学歴者に劣等感を抱かせ，少数のエリートによる支配について誰もが納得せざるをえないシステムになっているからである。それではイリイチは，このようなシステムをどのように変えていけばいいと考えたのだろうか。

▨ 自立協働型の社会へ

　私たちが今のような学校制度のない社会で自由に学ぶためには，「機会の網状組織」（opportunity web）「学習網」（learning webs）が必要である。そのウェブをはりめぐらすために，イリイチは，以下のような仕組みを構想した。

第1部　西洋教育思想史

① 事物へのアクセス：図書館や博物館などで，学習のために用いられる教具（本，実験道具，楽器，実物など）が保管されていて，それをいつでも活用できるようにする。

② 技能交換：ある技能を学び始めたいと考えた時には，その技能を熟知した人から学ぶことができる。技能教師は名簿に登録され，学びたい人へと紹介される。「市民は誰でも，基本的な技能を身につけるための基本クレジットを与えられ」，他の人に教えた場合には，クレジットが加算されることになる。他の人に教えた分だけ，他の人から教えてもらえるのである。また技能教師には，クレジットのほかに通貨や物資などが与えられる。

③ 仲間選び：氏名や住所，自分が仲間を見つけたいと思っている活動をコンピューター上に登録すれば，自動的に仲間が見つけられる。

④ 専門的な教育者：以下の役割を担う人々が必要となる。ⅰ）「ネットワークを創造し，操作する」教育行政の職員，ⅱ）「ネットワークの利用の仕方について学生や両親を指導する」教育カウンセラー，ⅲ）知的な探究に卓越した指導者（単に個別の技能を教えるのではないが，技能教師からも現れうる）。

　これらの学習網は，学習者が制度に依存せず自分で学びを深めていくための自立協働的な（convivial）制度となりうる。自立協働性（conviviality）とは，もともとは「宴を共にすること」を意味しており，各人が「自発的で独立的でありながらそれでいてお互いに関連しあっていくことのできる」あり方のことである。学校においては，すでに述べたとおり，生徒は教師に教えてもらうことを期待して自ら学ぼうとせず，制度に依存するばかりである。しかも，学校制度が整備されるにつれて，より上位の学校へ進学したいというニーズが高まる。つまり，より多くの教育サービスを消費したいという欲望が増すのである。このような制度への依存と消費への欲望という生活様式をいったん身につけてしまうと，学校だけでなく，医療や交通などとの関わり方にも，同じパターンが適用されることになる。例えば，現代の産業社会においては，人々は病気をするとすぐに医者に診てもらおうとするが，もともと私たち人間は，どの薬草がその病気に効くかを知っていたりして，日常生活のなかで自ら養生し治癒する技術を手にしていたのである。しかし病院依存の社会においては，「長く生

きたい」という欲望が無条件に肯定され，その結果，医療は癒しという効果よりも，不安や苦しみといった逆効果を生んでいる。

　私たちは「土地と生活に根ざした自立した生き方（vernacular subsistence）」を取り戻すべきである。自然に身につけたその土地の言葉で語ること，仕事だけでなく生活するための時間を大切にすること，お金による交換に頼らないこと，自分たちの力でできるだけやり抜こうとすること，「足るを知る」ことなどが，私たちが豊かに生きるためには必要である。これは，文明を否定し昔ながらの暮らしに戻るべきだということではない。むしろ文明が生み出した様々な制度や道具が私たちの幸せにとってどのような意味をもつのかを冷静に見極めながら，選択的に，時には使用制限を加えながら，それらと付き合っていくということである。

　このような発想は，経済成長に陰りが見えた日本でも，産業社会的なライフスタイルを変えていこうとする人々によって共有されつつあるように思われる。とはいえ現代の日本で，イリイチの言うように，学校を非公立化し自立協働的な学習ネットワークを整備するには，慎重さが求められる。例えば，イリイチは「人々の成長し学習しようとする自然な傾向」を前提に議論を展開しているが，本人や家族の自律性に任せていては，学習意欲がなかなか芽生えないこともあるだろう。学校や学校化社会は，上述の通り，確かに多くの問題を抱えている。イリイチの知恵を借りながら，それらの問題に立ち向かう役目を担うのは，「土地と生活に根ざした」生を生きる私たち一人ひとりであろう。

引用・参考文献

イリッチ（東洋・小澤周三訳）『脱学校の社会』東京創元社，1977年。

イリイチ（高島和哉訳）『生きる意味』藤原書店，2005年。

　写真出所：http://www.authorsden.com/categories/article_top.asp?catid=32&id=36463

　　　　　　　　　　　　　　　　　　　　　　　　　　　　　　（石村華代）

more フーコー──権力装置としての学校

フーコー（Michel Foucault 1926-1984）は，フランス西部の都市ポワティエで外科医の息子として生まれた。ナチスの支配下にあったフランスが1944年に解放されるまで政情は不安定で，そのことが若き日のフーコーにも大きな影響を与えた。1945年，彼はパリに出て，翌年，高等師範学校に合格する。エリート主義的な学校の雰囲気になじめず，自殺未遂を起こしたりしたが，アルチュセールなどとの出会いもあった。1951年，教員資格試験（アグレガシオン）
に合格し，国内，スウェーデン，チュニジアなどでの勤務を経て，1969年，43歳の若さでコレージュ・ド・フランスに教授職として着任する。数々の著作で名声を博したフーコーは，フランスの代表的知識人としての役割を期待されるが，58歳で世を去る。

フーコーの著作のなかで教育学に最も大きな影響を与えたのは，『監視と処罰──監獄の誕生』（1975）である。この書物のなかで，彼は，刑罰の形態の歴史的変化に着目する。18世紀半ばまで，刑罰は，犯罪者の身体に苦痛を与えることを目的としていた。しかし，18世紀後半以降，死刑を除く身体刑は徐々に消滅し，懲罰は精神へと働きかけられるようになった。犯罪者は監獄へと収容され，日課を通じて規律・訓練（discipline）が課され，矯正されるようになった。また，規律・訓練を効果的にするために，個々人へと視線を行きわたらせて，見られているという自覚を浸透させるという手法が用いられた。例えば，ベンサムが考案した一望監視施設（パノプティコン）では，中心に塔があり，その周辺にはいくつもの独房に区切られた，円環状の建物が配置されている。独房には窓が備えられ，塔にある監視室からは独房の様子が見られるのだが，独房からは監視室が覗けないような仕組みになっている。つまり犯罪者は，看守がいなくても，監視室から見張られているという意識をもたされ，この巧妙な装置のなかで外部からの視線に絶えずおびやかされるのである。

このような装置の発見は，権力のあり方を変える大きな契機となった。かつて権力とは，君主のような，権力を所有する特定の人物から行使されるものであった。

しかし近代社会においては，権力は上から下へと一方的に作用するのではなくなった。一望監視施設のように，権力をもった看守が不在であっても，権力は自動的に行使される。看守の視線を意識することによって，犯罪者が自らの内面に向けて権力を行使し，主体的に規律に服従するようになるからである。また，看守も権力者とはいえない。というのも，監獄が外部へと開放されることによって，看守も不特定多数の人々の視線にさらされるからだ。権力はこうして個人の所有から離れ，自動的に行使され，もろもろの視線の作用によっていたるところで生み出されるようになる。

　このような権力は，監獄だけでなく，軍隊や工場や病院で，そして学校でも生み出されるようになる。学校は用途に応じたスペースにきれいに区分され，生徒は指定された座席へと閉じ込められる。職員室や教壇が，教師の視線が最も届きやすい場所に配置される。学校で過ごす時間は，時間割によって細かく区切られ，試験では一定の時間内にすばやく解答するよう求められる。また，時間を正しく使用するためには，字を書く身振りなども効率よく整えられる必要がある。つまり，身体は規律・訓練によって加工されなければならない。さらに，生徒の成績や日常の態度が細かく観察され記録されることによって，生徒は序列化され，教師の視線を内面化するようになる。生徒は，自分自身へと権力を働かせ，試験などの強制に自発的に服従するようになる。一方，教師も生徒や保護者などに評価され，その視線にたえずさらされている。教師も，他の人々と同じように，権力を行使しつつ行使される存在なのである。

　フーコーの指摘は，現代日本の学校制度にも，かなりの部分が通用するように思われる。近年，佐藤学を中心にした「学びの共同体」の実践が全国各地の学校で行われているが，フーコーの権力論はこの実践の思想的基盤の一つにもなっている。これからの学校はどれだけその権力構造を変化させることができるのだろうか。そうフーコーから問いかけられているような気がする。

引用・参考文献

桜井哲夫『現代思想の冒険者たち26　フーコー』講談社，1996年。

フーコー（田村俶訳）『監獄の誕生——監視と処罰』新潮社，1977年。

　写真出所：http://pezeshkangil.com/wp-content/uploads/06-Michel-Foucault.jpg

（石村華代）

第 2 部　日本教育史

I　近世社会の教育とその思想

第2部　日本教育史

1　近世社会の成り立ちと人間形成の思想

（1）家の教育・村の教育

　日本における近世とは，その始期と終期の決定には諸説あるものの概ね江戸
時代の全体を指すものと理解してここでは差し支えない。この時代は兵農分離
を始めとして社会内部のあらゆる身分が階層的性格をもちつつ強固に固定化さ
れ，それぞれの身分に応じた生き方が求められた。身分間の移動が全くなかっ
たわけではないが，近世社会に生きる人々は，身分相応に，それを超えない生
き方に努めるとともに，そのような生き方を教育として次世代へと継承してい
くことを基本形としていた。

　身分によって（あるいは同じ身分内でも）人びとの生活の様式は大きく異な
ったため，教育の具体相も多様に現れた。しかしそのなかでも，「家」という
単位が重要な意味をもっていたことは近世社会に共通した特徴として挙げられ
よう。近世を支配した武士の世界では，大名は○○家，△△家というように家
単位で編成・世襲され，家臣たちは「家中」と呼ばれた。またその家臣も各々
が家長として君臨する家に所属しており，自分の家を廃絶の憂き目にあわせぬ
よう，家の名誉を守り，代々無事に継承・発展させていくことが先祖に対する
孝であると考えられていた。これは民衆の世界においても同様である。「村」
は家の集合した共同体であり，個人はその家に所属していることで，はじめて
社会に認められる存在となりえたのである。

　そのため近世社会では，子どもへの本能的な愛情以外に，この家の存続とい
う観点から後継者の育成に熱心とならざるをえなかった。家を潰してしまう可
能性の高いような放蕩息子は勘当されることもあったし，跡継ぎのいない家は
養子をとることも通常であった。家の子弟に対する教育責任は，家長である親
（とくに父親）が担う。現代のテレビドラマなどで，よく描かれてきたような，
"家庭を顧みずに働く父親" の像が，日本社会における家族の伝統的な形態で
は決してなかったといえよう。

　また，民衆社会における子どもたちは，「家の子」である以上に「村の子」

136

でもあった。家の継承（＝再生産）と同様かそれ以上に，村という共同体の維持・発展は重大な問題であり，そのため子どもを一人前の村人へ育てることは共同体を挙げての営みであった。村には子供組・若者組・娘組といった年齢や性別によって分かれる複数の集団が組織されることが一般的で，子どもは成長の過程でいずれかの組織に所属しながら，年齢・性別・能力に見合った役割を共同体内で与えられ，経験を積んでいった。最初は集団内の年長者に学びながら仕事を覚え，後には自身が年下の子どもたちに教えていく，そうした伝達の再生産によって共同体は維持されていった。

（2）子宝と子返し

「子宝」という言葉があるが，これは山上憶良の「子を思う歌」——「銀も金も玉もなにせむに　まされる宝　子にしかめやも」——が起源であるという。近世にも，子を宝とする認識は存在していた。子どもが社会のなかで無事に成長することは共同体にとって利益のあることであり，大きな喜びだったのである。

社会が子どもの成長に注意を払っていた証左として，多くの通過儀礼の存在を挙げることができるだろう。地域や時代によって形態は異なるが，特に子どもの誕生や初期の成長を祈念し祝福する通過儀礼は多い。例えば妊娠5か月で行われる「帯祝」や，誕生後すぐに神棚に捧げられる「産飯」，誕生7日目の「名づけ」，101日目の「宮参り」とその後の「歯固め」や「喰い初め」等々，親のみならず村全体で子どもの成長を見守る慣習が成立していた。

その一方で，この時代には「子返し」や「押返し」と呼ばれる子殺しの習慣のあったことにも触れておきたい。生まれた（あるいは生まれる前の）子どもを大人（社会）の都合によって「育てない」と選択することは，洋の東西を問わず古来行われてきた風習である。

近世社会で子殺しが行われる要因のひとつには，貧困を原因とする口減らしがある。すでにある家族の生存を優先するために，新しく生まれた子どもが犠牲にされることは珍しくなかった。その他にも，すでに一家として十分な数の子どもがいたために子返しを行った事例や，「違い子」といって性別占いの結

第2部　日本教育史

図1　子供遊力くらべ
出典：唐澤富太郎著『図説 近代百年の教育』日本図書センター，2011年（底本：国土社，1967年）

果と異なる性別の子が産まれてしまったことを理由としたもの，厄年に生まれたことを理由としたもの，等もあった。

　いずれにしても，育てる子と育てない子を区別し，出生コントロールを行う風習が，民間には根付いていた。支配権力側の幕府や諸藩はこのような子殺しを必ずしも公認していたわけではなく，これらの行為を非道徳的なものとして禁止する布令や告諭をしばしば発してもいた。しかし，慣習としての子殺しの現実は，明治以降の近代社会に至ってもしばらくは継続されていたとみられる。

(3) "一人前"への道

　前近代の社会においては，経済的な貧困や医療技術の未発達等の原因から，乳幼児の死亡率はきわめて高かった。「七歳までは神の内」という言葉は，そうした若い子どもは現世に命が定着しておらず，いつでも神様のもとへ返さなければならない存在として認識されていたことを意味していた。

　どうにか危険な時期を無事通過し神の手を離れた子どもは，やがて共同体の

一員としての責務を与えられる。男児であれば，7歳で子供組，15歳で若者組に入るというのが一般的であった。15歳という年齢は，武士においても元服の目安とされ，一般に大人の仲間入りをする時期として認識されていた。村においては，この時期を大事な節目として，厳粛な儀式を伴う通過儀礼の慣習もみられた。

　一例を挙げよう。伊豆半島の東海岸に位置する下多賀村では，かつて12月31日の大晦日に若者入りの儀式が行われていたという。15歳になる男子のいる家では，男子を若者組へ仲介・斡旋する引受人を近所の人に依頼し，引受人は大晦日の夜，男子を引き連れて仲間入りのあいさつに参上した。引受人は，若者組の頭や先輩の若者に男子を引き合わせ，仲間入りを頼むと帰っていった。

　仲間入りを果たした男子は，そのまま寝宿での合宿生活に入り，まずは先輩から若者組の掟（規律）の条目を暗唱できるまで徹底的に叩き込まれた。後に聞き取りによって復元された下多賀村の条目は，以下のようである。

　（心得）
　一　青年会（若い衆）に入ったら，子供心でいるんじゃありません。青年会
　　のよいことにしろ，悪いことにしろ，親兄弟，他人に，決して教えるじゃ
　　ありません。
　二　朝八時頃までを「お早うございます」といい，日の暮れる頃までを「今
　　日は」といい，それから人目の見えなくなる頃までを「おしまいなさいま
　　し」といい，それからは「今晩は」といいます。（後略）

　若者組（ここでは青年会）に入ることは，これまでの日常の延長ではなく，「子供心」はここできっぱりと断ち切ることが求められた。若者組に入った男子に対しては，親・親類はもちろん村の名主といえども手出しはできなかった。条目は第2条以下，挨拶，仕事，夜警，寄合などに関する内容が続き，全第15か条に及ぶ。男子は大晦日の夜を徹して暗唱に努め，できるようになるまで先輩の若者から容赦なく叱咤され続けたという。

　年が明けると，今度は新入りの若者を村人へお披露目する儀礼「水浴びせ」が行われた。その年に若者入りした男子を，村を挙げて祝う成人式にあたるものだが，ここで新入りの若者は踊りを披露した。この踊りも，先輩の若者から

第2部　日本教育史

厳しく指導されながらようやく覚えたばかりのものである。

　一連の成人儀礼の最後（正月4日）に，「名ビラキ」が行われる。仲間入りした若者を一人前の村人として公認する儀礼であり，このとき従来用いてきた幼名を成人名に変え，その挨拶を行った。大晦日から続いた儀礼はこれでようやく一段落であるが，休む間もなく若者の一員としての日々が始まる。

　一人前になるための長い道のりを，近世の男子はこのように歩んでいたという一例である。伝統的な共同体においては，そのなかで子どもを一人前の村人にしていくシステムが長い歴史の経験を経て構築されていた。それは現代の眼から見れば，不条理かつ不合理なものとして映るかもしれないが，厳しい自然的・社会的条件のもとで共同体を維持していくためには，必要かつ不可欠な仕組みであったのだろう。

2　多様化する教育機関と近世的 "学び" の特質

（1）藩校・手習塾（寺子屋）・私塾

　伝統的な共同体が独自の人間形成システムによってその再生産を行っていた一方で，近世社会にはそれまでの時代には見られなかったほどに多様な教育機関の発達・普及がみられた。近世の教育機関は，その設置主体や教育の対象者等によっていくつかに分類される。ここでは，①諸藩によって設置された武士のための学校，②庶民を対象とし，文字の読み書き等の初歩的な教育に従事した手習塾（寺子屋），③個人によって開設され，その学識を慕う者たちが集うことによって形成された私塾，の三種の代表的な教育機関についてみていこう。

①　藩　校

　諸藩の学校は藩校（藩黌）と総称されるが，個別には日新館（会津藩），弘道館（水戸藩ほか），造士館（薩摩藩）というように，多くは儒学の経典に由来した様々な固有名称をもっていた。これらは原則として武士の子弟を教育するための学校であったが，岡山藩のように庶民の通学を許した例もある。

　多くの藩は藩校を開設したが，これらは近世を通じて置かれていたわけでは

140

ない。江戸時代の中期から後期にかけて創設されたものが多く，中には明治に
改元されてから設置された藩校も存在する。

　また，開校された藩校の盛衰も様々であった。武士階層の家職は世襲される
ことが原則であったため，学校の存在意義自体が十分に理解されない面もあっ
た。

　　学館ノ御試モマヅ御手数バカリノ事ニテ格別我身ノ出世ニモナラヌ事ト了
　　簡イタシ，学館ノ門前ハ通リテモ一向学館ニ出入イタサヌ者モアリテ，
　　却ハ学問ノ事ハソシリ嘲ルヤウニ相ナリ，学問スル者モ縮ミ入リタルア
　　リサマニテ…　　　　　　　　（古賀穀堂「学政管見」『佐賀県教育史』より）

　これは，1809年ごろの佐賀藩の藩校弘道館の様子を表した記述である。佐賀
藩では1781年に弘道館を設け，教育制度を整え就学を奨励したが，その成果が
挙がっているとはとてもいえない状態が続いていた。

　それでも多くの藩が藩校を開設したのは，藩の経済的窮乏に伴って生じてき
た人材育成の必要性が大きな理由であった。商品経済の発達に伴い商人層が大
きく力をつけていく一方，禄高の少ない下級武士は自らの魂である刀までも質
に入れなければ生活ができないという現象も見られていた。藩にとっては各家
に子弟の教育を任せて安穏としていられる事態ではなく，教育を通じた藩政の
立て直しが強く望まれるようになっていたのである。

② 手習塾（寺子屋）

　手習塾（寺子屋）とは，文字の手習いを中心に庶民に初歩の教育を施した教
育機関を総称していう。民間の私的な教育機関であった手習塾には，制度的に
定められた設置形態や就学期間，カリキュラムは存在しない。手習塾のおかれ
た地域の特性や生徒側（保護者）の要求する内容・水準，師匠と呼ばれる教師
の修めた学問内容等に応じて，いくらでも多様でありえた。

　手習塾は，近世後期に至って爆発的な普及をみた。その原因は，庶民の間に
それだけ文字学びの必要性が高まったことに他ならない。同時に，そうした教
育要求を実現し，子弟を手習塾や私塾へ通わせるだけの経済力の獲得と，教育
の需要に対し供給しうるだけの地域の教育力の形成，これらの様々な条件が整

第2部　日本教育史

ったことが，手習塾の普及へとつながっていった。

　ではいったい全国にどれほどの数の手習塾が存在していたのだろうか。この問いに明確に答えることは困難である。手習塾を開業するにあたって特に資格や届け出などは必要なかったため，誰がいつどこで手習塾を開業していたか，完全に把握することはほぼ不可能といえる。明治になってから文部省が行った調査によれば，総数1万1,237という数字が出されているが，この調査には多くの遺漏のあることも指摘されており，実際はこの数倍に及んだであろうというのが通説となっている。

　手習塾の師匠は，寺子屋という名称からもうかがえるように，当初は寺の僧侶であることが多かった。しかし時代が下るにつれ，家禄だけでは暮らせない下級武士や医師，村役人クラスの百姓や町人など，師匠の階層も多様化していった。女性の師匠も少なくなかった。近世も後期になると，都市部では手習塾がひしめき合い，親たちは師匠の人格や能力，世間の評判等を総合的に加味して入門先を選択したという。

　手習塾への入門に必ず決まった時期というものは存在しないが，慣習として，だいたいの目安は7～8歳，2月の初午の日を選んで師匠に弟子入りすることが多かったようである。子どもは母に連れられて，正装し，白扇一対と入門料としての「束脩」を持参して入門の挨拶を行うのが通例であった。「束脩」は一定ではなく，その家の経済力や身分に応じた額でよかった。

　手習塾における師匠と弟子（筆子）の関係は，近代以降の学校教育における教師と生徒の関係とは本質的に異なる。筆子は教育機関としての手習塾に入るのではなく，師匠に入門するのである。だからこそ，師匠と筆子の関係は卒業によって途切れるものではなく，一生を通じて続いた。師匠が亡くなった際には，筆子たちが協力して費用を工面し，師匠の顕彰碑を建てることも少なくなかった。筆子塚と総称されるその碑は，今も日本の各地でみられる。

③　私　塾

　私塾もまた手習塾と同様，民間の自然発生的な教育機関であった。一定の学識と人格を有した人物のもとに，それを慕う生徒が集まり，多様な教育を展開

していった。誰を対象とし何を教授するか，またどのような方針で塾を運営するかは，塾主の個性が大きく反映するところである。

　手習塾が文字の読み書きの初歩を学習する初等教育機関だとすれば，私塾はその上に位置する中等教育機関であるといわれることがある。確かにそのように区分した方が理解は早いだろう。とはいえ，当時の人々が手習塾だ私塾だと自らの塾を区別していたわけではない。あくまでも後世の我々による便宜的な区分に過ぎないのである。

　実際には，手習塾とほとんど変わらない水準のものから，国内最高峰の学問を教授する私塾まで，その存在は多様であった。またそこに通う生徒は一般に，すでに社会的には成人した人々が主であった。この点からいえば私塾とは成人教育機関であるという見方も可能であろう。

　私塾は近世を通じて全国にくまなく普及したが，その発達が顕著になるのは藩校が普及し始める寛政年間（1789 - 1800）ころからのことである。それまでは京都のような一部の大都市に限られていた私塾が，藩校あるいは手習塾の発達・普及と軌を一にしながら全国的に広がっていったとされる。

　私塾の広がりとともに，教授される内容も多様化した。儒学（漢学）を教授する塾が一般的であったが，幕末には国学塾，洋学塾もみられるようになった。その他，医学，算学，珠算，習字，詩文や，三味線，琴，尺八，絵画，俳諧，茶道，華道，裁縫，剣，槍，弓など，様々な分野の塾があり，必ずしも一定の枠にはまる教育機関ではなかった。

　私塾の経営は基本的に教師個人であり，多くの私塾は教師一代限りで消滅した。しかしなかには伊藤仁斎の古義堂のように，何代も塾主が代わって存続した例もある。また，その規模も多様で，後述する日田の咸宜園は近世最大の私塾と呼ばれ，のべ5,000人近い塾生がそこで学んだとされる。

（2）手習塾にみる近世の"学び"

　手習塾の学習を通して，近世教育の特質を考えてみよう。

　手習塾（寺子屋）の学習の中心は，文字をひたすら書いて練習する手習いであった。その際に使用されたテキストは往来物と総称される。「往来」とは書

第2部　日本教育史

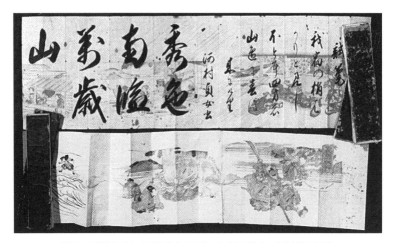

図2　下絵の上に寺子屋師匠の書いた習字手本，下はその下絵
出典：唐澤富太郎著『図説 近代百年の教育』日本図書センター，2011年（底本：
　　　国土社，1967年）

状の往信と返信の意味であり，文字学習の目安が手紙のやりとりを不自由なくできるようにと手紙の模範文例を集めた手本を作成したところに由来する。しかし，人々の学習要求が多様化していくなかで手紙文例集の形をとらないテキストも多く現れるようになり，それらにも「往来」の文字が慣習的に冠された（「商売往来」「百姓往来」「都名所往来」など）。また必ずしも「往来」と名のつかない「実語教」や「童子教」なども往来物の一種として把握される。往来物の種類は，現在確認されているだけで七千種にも及ぶという。

　手習塾での学習は，基本的に個別学習である。現代の学校は教師が立つ教壇と生徒の座る机とが正対する形で配置されるが，これは一人の教師が多数の生徒を相手に一斉教授を行うための方法的工夫に他ならず，明治初期西洋に習って導入された方式であった。手習塾は，多様な年齢，学習進度の子どもたちが同時に学ぶ場所であり，近代学校のような時間割も存在しない。すなわち，一斉教授を成り立たせる基盤自体がなかったのである。

　手習塾の学習風景をみてみよう。朝食を終えめいめい登校してきた子どもたちは，師匠からお手本を与えられ，各自適当な位置に自分の机を並べ，手習いを始める。もっとも初歩の者は「いろは」に始まり，「数字」へと進む。その

後は様々な単語の学習である。「源・平・藤・橘…」など氏名によく使われる漢字を集めた『名頭』，日本全国の国名を覚える『日本国尽』，江戸の地名を織り込んだ『江戸方角』など多様なテキストによって学習を進めた。師匠は子どもの年齢や性別，学習進度のほか，その子の将来に必要となるであろう素養を見極めてお手本を与えていた。

　一般的には，単語の次は短文そして様々な文例の学習へと進む。『年中行事』や『五人組条目』『商売往来』と，往来物の難易度も徐々に上がっていった。使用されるテキストには地域性・階層性も反映され，必ずしも一様ではないが，その一方で使用される往来物の種類と順序など，そのカリキュラムにはなぜか全国的な類似性もみられるという。

　また往来物にはその内容に道徳を含むものも多くあった。『実語教』は著名な往来物のひとつだが，「人学ばざれば智無し，智無きを愚人とす」の一節からもうかがえるように，「智」を重要な道徳の一つととらえる儒教的価値が反映されていた。往来物の学習は，文字の読み書きを覚えるとともに，その内容から知識と道徳を併せて学ぶ総合的な学習であったといえよう。

　また，文字についてはただ読み書きできればよいというものでもない。毛筆で，いかに美しくお手本のように書くことができるか，その「わざ」を繰り返しの練習を通じて身体に浸み込ませていくことが求められた。近世社会では，「お家流」と呼ばれる書体が圧倒的に普及し，武士も民衆も共通した書法を学習した。誰が強制したわけでもないのに，全国の手習塾で同一の書法による学習が行われ，日本に共通の文字文化の基盤が成立したのである。

　手習塾からみえてくるのは，近代とは異なる"学び"の風景である。手習塾は，制度的束縛のない自由を前提とし，各人がそれぞれの人生に必要な知識・道徳を学ぶ場であった。学習は原則として個別で行われ，教師が主導して教えるのではなく，学習者がひたすらお手本を模倣し，反復練習によって習熟していく地道な過程であった。こうした学習のありかたは，近代になって西洋から導入された「教え込み型」の学習に対比して，「滲み込み型」の学習とも呼ばれ，近年改めてその意義が見直されているところでもある。

3 近世の教育思想と教育家たち

(1) 貝原益軒——メディアを活用した学問知の伝達

　貝原益軒（1630-1714）は近世を代表する儒学者の一人である。100種以上にのぼる膨大な著作を刊行し、しかもその著作の及ぶ領域はきわめて多様であった。益軒の著作は、今日においても新たに口語訳されて出版されるなど、現代人に対しても一定の示唆を与える思想として評価されている。

■ 生　涯

　益軒は、1630（寛永7）年、福岡黒田藩に仕える貝原家の末子（五男）として生まれた。五男という位置的に家督を継承する可能性の低さもあってか、父は益軒への学問教授にそれほど熱心ではなかったようである。14歳の時、京都帰りの次兄からはじめて四書の句読（素読の学習）の手ほどきを受けたというエピソードは、7～8歳で始めることの多かった当時の儒学学

習において、益軒の出発がいかに遅かったかを表している。一方で、幼時から独自の学習によって読み書き能力を身につけ、高度な算術書を解し家族を驚かせたという逸話もあり、潜在的に高い能力を有していたことをうかがわせる。

　成長した益軒は藩に出仕したが、21歳の時に禄を失い浪人となった。その理由は藩主の怒りをかったためといわれるが、詳細は不明である。浪人時代を江戸や長崎への遊学に費やして見聞を深めた益軒は、27歳で今度は儒者として再び藩に召し抱えられた。藩主は黒田光之に代わっていた。光之は益軒に7年間もの京都遊学を許し、そこで研鑽を積んだ益軒は、帰藩後その知見を活かして藩政に大きな役割を果たしていく。益軒に代わることのできる者が見当たらなかったためであろう、高齢になって隠居を申し出てもなかなか許可されず、結局71歳まで出仕を続けた。

　ようやく隠居の叶った益軒は、ここからさらに精力的に著述活動に取り組ん

だ。数え年85歳で死去するまで，実に約百部二百数十巻に及ぶ著作を著したが，そのなかでも『大和本草』(79歳)，『大和俗訓』(79歳)，『和俗童子訓』(81歳)，『養生訓』(84歳)，『慎思録』(85歳) などの主著は，いずれも隠居後に著されたものである。

益軒の生きた時代は，幕府の支配がある程度の安定性を獲得した時期で，200年以上に及ぶ平和の時代の始まりにあたっていた。益軒はそのなかで，近世人としては極めて長命を得て，晩年に至るまでその思想を熟成させることができた。戦国あるいは幕末維新といった動乱の時期ではなく，太平の時代に生きたことが益軒の思想の基底に大きく影響を与えたことは確かであろう。

■ 教育史のなかの貝原益軒

益軒が多数の著作をとおして表現した思想は，早くからその近代性が評価されてきた。例えば近代の歴史学者三宅米吉は，明治以後の日本が外国の初等教育方法の導入に勤しむ一方，日本の土着の教育法にはみるべきところがないと評価する世の教育家に対し，貝原益軒の例を挙げて反論した。すなわち，

我ガ国ニハ欧州ニモ劣ラザル教育ノ歴史アルナリ，教授ノ主義方法ヲ論シタルモノアルナリ。貝原益軒ノ若キハ実ニ教育ノ大家ナリ，其ノ著書ノ如キハ今日ノ教育家ノ必一読スベキ価値アルモノナリ。益軒ハ実ニ欧州教育大家ノ英ノろつくト相似タル所多シ

と述べ，益軒をジョン・ロックに比肩する近代教育思想の持ち主として高く評価している。

益軒の著述に，近世の封建的思惟の範疇にとどまらない近代性を感じさせる一面が存在することは否定できない。しかし，近世教育史家の辻本雅史氏によれば，益軒の教育や学習に関する著述は必ずしも近世社会に特異なものではないという。益軒が著述を通して伝えたことは，決してオリジナルな教育論の展開ではなく，当時の一般的な学習や教育の概念をわかりやすく説明したことにこそその特色があったと理解されるべきであろう。

17世紀の日本は，出版技術の発達に伴い，従来に比べ広く人々が書を手にとることができるようになった時代でもあった。益軒は，学問的知見に接近した

いという庶民の学習需要が高まっていることを敏感に察知し、彼らにも理解できるような入門的・実用的なテキストを執筆することに努めた最初の人であった。事実、益軒の著述は多くの人の購求するところとなり、「貝原先生」の名が冠された書物はおおいに売れたという。従来儒学者の主な仕事とされていた経書の注釈や研究にとどまらず、学問的な知見を広く庶民層へと解放したこと、ここに教育史上における益軒の事績の重要な意義がある。

さて、決して独創的ではないと述べた益軒の教育論についても少し触れておこう。『和俗童子訓』は子どもの教育についての最初の体系的な書物として著名であるが、この書では「予(あらかじめ)する」という概念に貫かれて予防的な教育の目的が論じられた。子どもの性質は生来決まっているものではなく、環境（生後の教育）によって善にも悪にも染まるものであり、いったん悪いことを習慣として覚えてしまえば、どうやっても善くすることはできない。よって、子どもを善い習慣へと「予(あらかじめ)」導いていくことが重要とされた。

また、こうした善き習慣の確立にあたっては、子ども自身が周囲の環境から自発的に、見て習い聞いて習う、模倣と習熟の過程が重要であることも指摘した。それは、言葉で「教え込む」ものではなく、日々の反覆的な実践を通じて「浸み込む」ように身につけていくものである。益軒の教育論は、「心から身体へ」向かおうとする朱子学の論理とは逆に、身体の修養こそが心の修養に通じるとする心身一元論の立場に立つものであった。

（2）広瀬淡窓――能力主義と人間形成の咸宜園教育

広瀬淡窓（1782-1856）は、近世後期の儒学者である。豊後国日田（現在の大分県日田市）に生まれ育ち、この地に近世最大規模の私塾咸宜園を開いたことで知られる。淡窓の死後、明治期まで続いた咸宜園には、のべ5,000人近くもの学生が学んだと推定されている。

■ 生　涯

江戸時代の日田には、幕府の直轄地として諸藩の動

I　近世社会の教育とその思想

向を幕府へ知らせるための代官所が置かれていた。淡窓の生家は裕福な商家で、九州の諸藩からこの代官所への取次ぎなどの御用達を務めていた。淡窓自身は広瀬家の長男として生を受けたが、病弱なこともあって、家業を継がずに学問によって身を立てることを考えていたという。

　7歳のころより、父三郎右衛門から儒学の基礎的な素養である『孝経』『論語』『孟子』などの句読を教わり、その後椋野元俊や頓宮四極などから四書五経の手ほどきを受けた。10歳になると松下西洋の門に入り、本格的に学問や詩文を修めている。詩人としても著名であった淡窓は、12歳の時に一晩で漢詩百首をつくり、その快挙を知った高山彦九郎から和歌を贈られ、称賛されたというエピソードももつ。

　16歳で、福岡にあった亀井昭陽の塾に入門した。福岡藩では、他藩の人間が領内で学ぶことを禁じていたため、淡窓はわざわざ筑前林田に住んでいた内山玄斐の養子ということにして、名前も玄簡と改めて入塾した。亀井塾では昭陽、またその父南冥にも教えを受け充実した時間を過ごしたが、わずか2年で病のために郷里の日田に帰ることになった。

　日田へ戻った淡窓は、闘病生活を経て、いよいよ学問で身を立てる決心をした。淡窓の塾教育は、1805（文化2）年、長福寺学寮を借りて講学に努めたことから始まったとされる。このとき24歳であった。その後、塾は場所を改め成章舎と称し、さらに桂林園（1807年）を経て咸宜園（1817年）へと名称を変更しながら発展した。淡窓はこの咸宜園の教育に生涯を通じて携わっていく。

■ 咸宜園の能力主義教育と人間形成

　咸宜園の歴史を、長福寺の学寮を借りたところから数えれば、淡窓が関わった限りでも実に半世紀に及ぶ。冒頭でも述べたように、この咸宜園は近世最大規模の私塾として、他に類をみないほど多数の塾生の学ぶ教育機関となった。

　その教育の最大の特徴は、徹底した能力主義のシステムにあったといわれる。咸宜園に入門した者は、まず年齢・経歴・身分の三つを剥奪された。すなわち、塾生間の年齢の上下や、咸宜園入門に至るまでの学習歴、またその者がいかなる身分階層の出身であるか、この3点は塾内における人間関係の序列化に一切

149

第2部　日本教育史

関係しないということである。これを「三奪法」と呼んだ。咸宜園の塾生は，ただ入塾の先後，修めた課程の多少，成績の高下によってのみ区別されたのである。

　塾生の成績を判定するにあたっては，「月旦評」と呼ばれる仕組みが活用された。月旦評とは，月ごとに考査された塾生の成績を記す表のことで，塾生はその点数によって塾内における等級が決定された。淡窓がこれを最初に導入したのはまだ塾が成章舎と称していた頃であり，当初の月旦評は四等級の区分であった。その後，1839（天保10）年にいたって月旦評は細分化され，十階の等級が完成した。十階のそれぞれはさらに内部で細かく区分されており，塾生は月旦評の成績によって昇級を目指した。

　咸宜園の日常の課業としては，四書五経等のテキストをもとに，素読・輪読・輪講・会講などの課程によって学習が進められた。その際に，一定の基準をクリアすれば点数が与えられる仕組みとなっており，ここで獲得した点数と毎月9回に及ぶ試験の合計点が集計されて，成績が決定し昇級が判定された。

　身分制が強固に保持された当時の社会にあって，塾内の完全な能力主義システムが人々に魅力的に映った一面は否定できない。年齢や家柄に関係なく，実力さえあれば庶民であっても武士より上の等級に立てるのである。実際，咸宜園の「入門簿」から塾生の階層をみると，半数以上が農民や町人によって構成されていた。

　一方で，淡窓自身は能力主義をもって教育の全てであるとは考えておらず，むしろその弊害を憂えてもいた。血気盛んな若者たちを正しく導くため，咸宜園では厳しい規約や，学問の心得を記した告諭が定められていたが，その告諭のなかでは，「父兄に孝悌を欠き，朋友に信義を失ふの類，挙而数へかたし」と門下の現状が嘆かれている。また，教えることや学ぶことは，ただ知識に関することであり「道義」が未熟であってもかまわないと考える者がいるが，それは間違いであるとも断じた。師匠としての器量をもたない者に子弟の教育を託すことは，未熟な医者に生命を預けるのと同じだ，というのが淡窓の考えの根底にあったのである。

　徹底した能力主義を貫く反面，淡窓の教育的配慮は広く子弟の人間形成に及

ぶものであったといえよう。咸宜園の経営は，1830（文政13）年に形の上で弟
旭荘(きょくそう)へ譲渡されたが，その際に淡窓から旭荘に与えられた「申し聞かせ書」
にも咸宜園の教育方針が端的に表れている。その主なところは，①厳しく禁止
事項を定めるからには，禁外のことについては一切これを許すというメリハリ
が大事であること，②師は口先だけで教えるのではなく身をもって教育を行う
こと，③一人ひとりの才能や性格は多様であるから万人に通用する教育方法は
ないこと，等であった。

(3) 吉田松陰──情熱と感化の教育者

　近世に創設されたあらゆる私塾のなかで，最も代表的なものを一つ挙げよと
問えば，松下村塾と答える人は今でも多いのではないだろうか。松下村塾の名
は，それを主導した吉田松陰の激しすぎた生き方とともに，後世に強くその名
を印象づけた。

■ 生　涯

　松陰は1830（天保元）年，萩藩の下級武士であった
杉百合之助の二男として生まれた。1834（天保5）年，
数え年5歳で叔父吉田大助の仮養子となり，この叔父
が翌年亡くなったため，わずか6歳で吉田家の家督を
継いだ。吉田家は山鹿流兵学師範の家柄で，松陰はそ
の跡を継ぐべく猛烈なスパルタ教育によって鍛えられ
たという。母も見かねるほどの体罰を日常的に受け，

それでも生来の強情さで乗り切った。松陰の妹千代は，幼き日の松陰が子ども
らしい遊びをしているのを見たことがなかったと，後に語っている。
　勉学一辺倒の環境で育った松陰は，10歳ではじめて藩校明倫館に出仕して家
学を教授し，さらに翌年には，藩主毛利敬親(たかちか)の前で『武教全書』戦法編三戦を
講じ，その秀才ぶりを称賛されたとされる。実際には幼少の松陰に兵学教授が
そのまま務まるはずもなく，家学後見人たちが交代で講義を行っていたともい
われるが，ともあれ松陰の教育者としての船出は早かった。

第2部　日本教育史

　成長し後見人からも独立すると，1850（嘉永3）年に九州へ，そして翌年には藩主に伴って江戸へと，たてつづけに遊学を経験した。ところがこの江戸の滞在中に，事件が起きる。江戸で交流を深めた他藩士と東北への遊歴を企画し，その旨を藩へ願い出て許可も受けていたのだが，いざ出発の段になって関所手形の交付が間に合わなくなったのである。他藩士との約束を違えることはできないと，手形を持たないまま，すなわち脱藩の形で松陰は江戸を出た。結果として，このときとった行動によって松陰は家禄没収，士籍剥奪という極めて重い処分を受けることになる。

　士籍を失った松陰は，それでも10年間の遊学を藩から許可され，1853（嘉永6）年正月，再度江戸へ向かった。そこでペリー来航という大ニュースを耳にする。浦賀へ急行し強大な艦隊を目の当たりにしたことは，その後の松陰の生き方に強く影響を及ぼした。日本の危機を強く意識した松陰は，佐久間象山を師と仰ぎ，砲術と蘭学の習得を喫緊の課題として取り組んでいった。

　西洋の科学技術を深く理解するには，実際に西洋に渡るのが一番である。そのように考えた松陰はその後，西洋への密出国を企て実行に移すが，ことごとく失敗に終わってしまう。1854（安政元）年3月には，盟友金子重之輔とともに，下田に再来航していたペリーの旗艦にどうにか乗り込むも拒絶され，下艦した2人は下田番所に自首，捕縛され江戸小伝馬町の牢につながれた。同年10月，2人は萩に移送され松陰は野山獄へ，金子は百姓牢の岩倉獄へ収監された。

　金子は翌年（1855年）正月に病没するが，松陰は野山獄中で出会った人々を相手に共同学習を始め，ますます意気軒昂であった。12月に出獄後は，自宅の幽室で謹慎生活を続ける傍ら講義を行った。当初は親類のみを対象としていたが，徐々に人が集まるようになり，やがて幽室では手狭になったため，宅地内に塾舎を設けた。これが今日に知られる松下村塾である。

　1858（安政5）年，日米修好通商条約の締結をめぐって，幕府が朝廷の意に反した政策をとったことを知った松陰は，決意を固めた。幕政に関与する重要人物の襲撃を企てたのである。しかし同志の多くはこの過激な計画に同意せず，むしろ松陰を諌め，離反していった。結果，松陰とわずかな同志は，行動に移す前に警戒を強めた藩によって捕えられ，松陰は再度野山に投獄された。その

後江戸へ送られ，斬首となる。1859年，享年は30歳であった。

■ 松陰の教育実践とその思想

　松陰の生涯は，先に取り上げた益軒や淡窓と比較するとその短命が際立つ。人生の長い時間をかけて思想を熟成させたであろう前二者に対し，松陰の人生は短すぎたといってよい。にもかかわらず，吉田松陰と松下村塾の名が広く後世に語り継がれてきたのはなぜだろうか。ここでは，松陰の教育実践に関わるいくつかの側面をみていくことで，教育者としての松陰を考えてみよう。

　松陰の教育者としての出発は早かったが，これは先述したように必ずしも独立した師範ではなく，後見人に多くを負っての教授活動であったと考えられる。独立してからの時期に限れば，士籍剥奪まで実質3年足らずの教育経験である。しかもこの家学教授の間の門下生の出席状況は芳しくなく，概して初期の教育活動は盛況とはいえなかったようである。

　松陰の名を教育者として高めたエピソードのひとつに，獄中での教育が挙げられる。野山獄中において松陰は，兄からの差し入れを助けとしてまずは読書に励んだ。投獄された1年余りの間に，実に618冊，1ヶ月平均44冊のペースで読書を進めたことが確認されている。また，詩作や句作，書道の練習にも取り組んだ。いつ解放されるともわからない獄中生活において，松陰の猛烈な勉強ぶりが他の囚人たちの目にとまらないはずがなく，また国禁を犯して海外への密航を企てたという入獄の契機の珍しさも手伝って，松陰は注目の的であった。そうしていつしか，松陰の勉学への熱意に感化された囚人たちを巻き込んで，勉強会が発足したのである。

　「善書」によって「教導」すれば，どんな人間であっても「更に転じて善人となる」というのが，松陰の教育者としての純粋な信念であった。それは囚人に対しても同様である。決して自由のきかない獄中生活のなかで，夜間に燈火を利用して，房で区切られた見えない囚人たちをも相手に，松陰は『孟子』や『論語』の講義を行い続けた。

　出獄後は，自宅に謹慎しながら家族や訪問者を相手に講学に努めた。これがいわゆる幽室の教育と呼ばれるもので，後に新たに塾舎を設立し松下村塾へと

第2部　日本教育史

発展していく。ただし，松下村塾という名称は松陰が初めてつけたものではな
く，すでに1842（天保13）年に叔父玉木文之進によって創設された同名の塾が
あり，この名を継承したものである。

　村塾に学んだ塾生の人数は，塾の創設時期をいつと見做すかによっても変わ
ってくるため，確定的にいうことは難しい。松陰研究でも知られる教育史家の
海原徹氏は，幽室時代の1856年から野山再獄の1858年までに来学した92名をい
ちおうの塾生として数えている。そのうちの76名が武士身分の者たちであった。
村塾の塾生に武士が多かったのは，塾が萩城下にあったという地理的特性に由
来する。松陰自身は身分を必ずしも差別的にはとらえておらず，「農は耕し，
工は家宅器皿を製し，商は有無を交易す。各々その職ありて国に益あり」と，
身分の違いは役割分担の違いであるとの認識をもっていた。そのため村塾に来
学する人々に対しては，身分にかかわらず平等に扱っている。

　自身がまだ20代半ばの若さであったためか，松陰は塾生を「同志」あるいは
「諸友」と呼び，師匠とその弟子というような権力関係をきらった。「諸生相親
愛すること，兄弟骨肉の如」き人間関係を目指したのである。また学規や教則
もほとんどあってなきが如くであり，課業の実際もずいぶんと不規則なもので
あったという。塾の仕組みとしてはきわめてお粗末なものであった。

　師匠ぶって威張ることのなかった反面，塾生との議論ではいっさい手加減も
しなかった。普段は物静かで優しかった松陰には，感情が高ぶると自分でも抑
えがきかなくなるという一面があった。松陰の授業を受けた人物の回想による
と，忠臣孝子の例話の際には声を震わせ涙をこぼしながら語り，反対に逆臣が
主君を苦しめた話では，目を吊り上げ声を張り上げ，髪の毛も逆立つほどの怒
りようであったという。塾生に対しても，その人物を褒めるときには徹底して
持ち上げ，逆に議論で打ちのめすときには容赦がなかったといわれる。

　こうした松陰の気質が教育者としてどう評価されるかは，賛否の分かれると
ころであろう。しかし松陰の発する言葉には，真実の響きがあり，それが聴く
者の心を深くとらえたことも事実であった。前述の海原氏は，「これほど相手
の心を揺さぶり，魂をつかむことに成功したパーソナリティを我われは知らな
い」と高く評価している。

154

村塾で学んだ者からは，後に政府や各府県の中枢で活躍する人物が多く輩出された。このことも，松陰と村塾の名を高めた重要な要因である。維新の三傑と評された木戸孝允も，直接の塾生ではなかったが，書簡のやりとりを通じて松陰の薫陶を受けた一人であった。

引用・参考文献

石川松太郎『藩校と寺子屋』1978年。

井上忠『貝原益軒』吉川弘文館，1989年。

海原徹『近世私塾の研究』思文閣出版，1983年。

海原徹『吉田松陰と松下村塾』ミネルヴァ書房，1990年。

江森一郎『「勉強」時代の幕あけ——子どもと教師の近世史』平凡社，1990年。

沖田行司『日本人をつくった教育——寺子屋・私塾・藩校』大巧社，2000年。

沖田行司編『人物で見る日本の教育』ミネルヴァ書房，2012年。

片桐芳雄・木村元編『教育から見る日本の社会と歴史』2008年。

木村政伸『近世地域教育史の研究』思文閣出版，2006年。

高橋敏『江戸の教育力』ちくま新書，2007年。

辻本雅史『「学び」の復権——模倣と習熟』角川書店，1999年。

辻本雅史・沖田行司編『教育社会史』山川出版社，2002年。

辻本雅史編『教育の社会文化史』放送大学教育振興会，2004年。

村山吉廣『藩校——人を育てる伝統と風土』明治書院，2011年。

（大間敏行）

Ⅱ　明治時代の教育とその思想

第 2 部　日本教育史

1　「明治」という時代

　「明治」という時代は，東洋という地域で文化を育んできた日本が，西洋の
文化を新たに取り入れ，苦難の末にそれをみずからのものにしていこうと社会
の変革を図った時代であったということができよう。それでは，なにゆえ西洋
の文化をみずからのものとしていかなければならなかったのであろうか。

　18世紀後半以降，産業革命を成し遂げ，世界の他の地域にさきがけて近代化
を進めていた西洋諸国は，新たな市場の開拓と工業製品の原材料獲得を目的に，
植民地の拡大を図っていた。西洋諸国は植民地を求めてアジアにも進出するよ
うになり，そうしたなかにあって植民地化の危機を脱するためにも，西洋流の
近代的な社会を築くことが日本政府に求められていた。幕府に代わって新たに
発足した明治新政府に求められたのは，西洋流の近代的な社会を築くことによ
って，国家としての独立と維持を図っていくことだったのである。明治新政府
はそれまでの藩を廃して中央集権的な政治体制を築くことで国家体制の基盤を
固めようとしたほか，西洋諸国との対等な外交・通商を目指すという目的のも
と，西洋の文物を積極的に取り入れて文明開化を果たそうとした。こうした課
題に応えるために人材の育成が急務となり，国民教育制度の整備が求められる
こととなる。

　本章では，国民教育制度の理念を構築する上で重要な役割を果たした福沢諭
吉（1834-1901），ならびに国民教育制度の整備に力を尽くした田中不二麿
（1845-1909）や森有礼（1847-1889）らの思想と活動に焦点を当てて，明治時代
における国民教育制度の成り立ちを学んでいくことにしたい。また当時，西洋
の文物を学ぶなかで，徳育については伝統的な倫理思想，すなわち儒教にもと
づいて進めるのか，あるいは西洋の倫理思想にもとづいて進めるのか，いずれ
を選択するのかが問題となったが，この点については元田永孚（1818-1891）
の思想と活動に着目しながら考えてみたい。

158

Ⅱ　明治時代の教育とその思想

2　福沢諭吉の教育思想

(1) 福沢諭吉の生い立ち

　江戸時代は身分制社会であり，身分と職業が不可分の関係にあったので，人材育成もそれぞれの身分の枠内で，必要に応じて行われることが一般的であった。ところが明治時代になると，幕藩体制の崩壊により身分制社会が終わりを告げたことで，すべての国民を対象に人材育成を行う必要性が高まることとなった。そこでにわかに国民教育制度の整備が進められることになったのである。

　明治新政府が国民教育制度を構築する上で学ぶところが多かったとされるのが，福沢諭吉の教育思想である。本節では福沢諭吉の教育思想に焦点をあてることで，明治初年に国民教育制度が整備された意味について考えてみることにしたい。

　福沢諭吉は，1834（天保5）年に豊前国（現在の大分県）中津藩士福沢百助の次男として，大坂に生まれた。父百助は中津藩大坂蔵屋敷勤めの下級武士であったが福沢誕生の2年後に死去し，その後一家は中津に戻り，福沢も中津にて幼少期を過ごしている。福沢は大の儒学嫌いとして有名であるが，幼少期には藩内の家塾にて儒学を学んでおり，その学問的基盤は幼少期に身につけた儒学の素養にあったといえる。

　幕府が日米和親条約を結んだ1854年，19歳の福沢は，時勢をかんがみた兄三之助にオランダ砲術を学ぶことを勧められ，長崎の砲術家山本物次郎の家に食客として住み込んで，蘭学の学習を開始した。翌1855年には，大坂の蘭方医緒方洪庵（1810‐1863）が主宰する蘭学塾，適塾に入門する。適塾でその後通算3年にわたり蘭学修業に励んだ福沢は，当時，徹底した実力主義で知られた適塾において，塾生を統括する塾頭も務めている。

　こうした学習歴を経て1858年に江戸に出府した福沢は，藩命により，中津藩

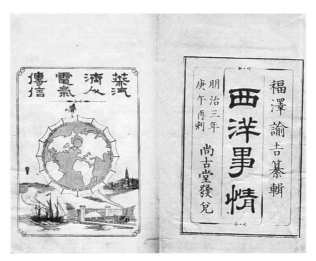

▶『西洋事情』

中屋敷内に蘭学塾を開設した。以後，1901（明治34）年に没するまで，福沢は洋学者として，また教育者として，その生涯を送ることになる。

（2）西洋文明の紹介者としての福沢諭吉

　福沢諭吉は開港後の横浜を1859年に訪れ，オランダ語が全く用を成さないことを知り，英学修業への転換の必要性を悟った。その後ほぼ独学で英語を習得した福沢は，1860（安政7・万延元）年に咸臨丸に乗船する機会を得て渡米を果たす。これを皮切りに，1861（文久元）年の渡欧，1867（慶応3）年の渡米と，福沢は都合3回の洋行を経験している。

　下級士族の家に生まれた福沢は，個人の能力によってではなく家柄によって職業上の地位が決まる，門閥制度という幕藩体制下の武士社会の構造に強い疑問を抱いていた。「門閥制度は親の敵（かたき）で御座る」（『福翁自伝』）とまで述べた福沢にとって，能力主義にもとづく人材育成のシステムが整えられつつあったアメリカやヨーロッパの状況を目の当たりにしたことは，彼のその後の人生に大きな影響を与えた。

Ⅱ　明治時代の教育とその思想

　福沢は洋行で得た知見を，著作を通じて広く社会に還元しようとするが，そ
の最初の試みが，1866年の『西洋事情』初編の出版であった。『西洋事情』初
編は欧米諸国の歴史，政治，経済，文化などをわかりやすく紹介した著作で，
好評につき販売部数は15万部に達し，およそ西洋文明を論じて開国の必要を説
く者で同書を座右に置かない者はなかったほどであったという（『福沢全集緒言』）。
　福沢には子どもや初学者を対象とした著作も多く，1868（明治元）年に出版
された『訓蒙 窮 理図解』は，身近な自然現象を平易な言葉で解説した自然科
学の入門書であった。翌1869年には，世界地理を身につけることを目的とした
『世界国 尽 』を出版している。同書は江戸時代の手習いテキストである往来物
の体裁にならった五七調で文章が綴られており，学習者の学びやすさが考慮さ
れている点が特徴である。豊富な挿絵や図版が施されたこれらの著作は，学制
施行後の小学校の教科書としても広く用いられた。

（3）慶応義塾での教育活動

　福沢は，2度目の洋行後の1864年に，外国奉行支配調役翻訳御用として幕府
に出仕することになり，主として外交文書の翻訳にあたることとなった。
　洋行とその後の幕臣への登用と大きく環境が変化するなかにあっても，福沢
は引き続き家塾の経営を続けていた。その家塾も，1868（慶応4）年4月の江
戸市中芝新銭座への移転を機に，塾の体裁が大きく改まった。時の元号にちな
んで新たに慶応義塾と命名され，塾内の規則や入塾の際の規則が定められたほ
か，塾を安定的に維持していくために授業料の制度が導入された。
　なお「義塾」とは，学問の考究を目的とした同志が集う結社の意であり，イ
ギリスのパブリックスクールにならって近代的な私立学校とするという目的の
下に名づけられたものである。
　このように伝統的な家塾の体裁が一新された慶応義塾から，日本における近
代的な私立学校の歴史は始まった。数理すなわち自然科学の素養と独立心の涵
養を重視した福沢の下からは，合理精神と批判精神に富む人材が多数輩出した。
後に政党政治の中心的な担い手となる犬養毅や尾崎行雄らも，慶応義塾の初期
の卒業生である。

161

第2部　日本教育史

　明治政府による高等教育機関の整備が未だ途上にあった明治初年において，英学修業を志す多くの人材が慶応義塾に集ったが，彼らのなかには，「学制」公布後各地に設置された師範学校や中学校の教師として赴任する者も少なくなかった。各地の師範学校や中学校などの教壇に立った卒業生たちは，英学の教授はもとより，合理精神や批判精神といった西洋の近代科学に端を発する思想を，各地の若者に伝える役割を担ったのである。

（4）『学問のすゝめ』の刊行

　福沢が著作を通じて西洋文明を人々に紹介することで，人々の意識を伝統的な封建思想から解き放とうとする啓蒙活動に取り組み，一方で慶応義塾において西洋の科学的思想を身につけた人材の育成に取り組んだのは，いずれも日本の近代化を目的としたものであったということができる。しかし福沢は，日本の真の近代化は国民一人一人の個が確立し，国民としての意識，ひいてはその責任を認識できるようにならなければ果たし得ないものであると考えていた。このような問題意識の下にまとめられた著作が『学問のすゝめ』であった。

　『学問のすゝめ』は1872（明治5）年2月に初編が出版されて以降，1876年11月に至るまで，4年以上にわたって書き進められた17の短編からなる著作である。「天は人の上に人を造らず人の下に人を造らずと言えり」の書き出しで知られる初編はとりわけ多くの人に読まれ，出版部数は偽版も含めて22万冊にも達したという。

　そもそも初編は，福沢の故郷である中津に，福沢の指導の下1871年に設立された洋学校，中津市学校の生徒に対して学問することの意義を説くために，福沢が記したものであった。ゆえに初編では，西洋の学問を学ぶことの大切さが記されている。具体的には，かつてのように「むつかしき字を知り，解し難き古文を読み，和歌を楽しみ，詩を作るなど，世上に実のなき文学」を学ぶのではなく，「人間普通日用に近き実学」を学ぶべきであるとする。「人間普通日用に近き実学」とは，「いろは四十七文字を習ひ，手紙の文言，帳合の仕方，算盤の稽古，天秤の取り扱い等」はもとより，「地理学」「究理学」（物理学，すなわち自然科学のこと）「歴史」「経済学」「修身学」などであるとする。こう

162

した実学を身につけることは，身分を問わずあらゆる人々に求められていることであり，その結果として，個人も家も国家も独立を保つことができるようになると，福沢は述べている。

『学問のすゝめ』初編が多くの人々に読まれることによって，実学すなわち西洋の学問を学ぶことの必要性が広く認知されるようになった。さらに『学問のすゝめ』は，明治政府が国民教育制度を構築する目的で公布した，日本最初の近代学校制度である「学制」の理念としても用いられることになる。

1872（明治5）年8月の「学制」公布にあたって，「学制」制定の目的を記した布告文が太政官から示された。これを学制布告書（一般に「学制序文」，あるいは「学事奨励に関する被仰出書」ともいう）と呼んでいる。学制布告書には「日用常行言語書算を初め士官農商百工技芸及び法律政治天文医療等に至る迄凡人の営むところの事学あらざるはなし」と，人間生活を成り立たせているものは学問に他ならないのであり，そうした学問すなわち実学を学ぶことが不可欠であることが記されている。こうした論理は，福沢が『学問のすゝめ』初編で述べたものと共通するものであり，学制布告書が初編を参照しつつ作成されたであろうことがうかがえる。

「学制」は学制取調掛に任命された内田正雄（1839－1876）や河津祐之（1849－1894）ら洋学者たちがその作成の中心にあったと考えられており，河津らによって翻訳された『仏国学制』等が主たる典拠として用いられたとされる。しかし，その理念が記された布告書の作成にあたっては，「学制」編纂作業の間に世に出た『学問のすゝめ』初編に学ぶところが多かったと考えられている。

学制布告書の内容は，各地に小学校が設けられる際に，地方官によって地域の人々に伝えられたといわれており，日本において近代的な小学校が設けられていく過程で福沢諭吉の教育思想は大きな役割を果たしたのである。

3　国民教育制度のありようをめぐる模索

（1）「学制」にもとづく教育政策の行きづまり

「学制」にもとづく新たな教育機関の設置は，それ以前から各地に設けられ

第2部　日本教育史

ていた多様な教育機関を，「学制」の規定をふまえた教育機関へと再編することにより行われた。とりわけ初等教育機関の整備は，他の教育機関に先駆けて行われ，手習塾や寺子屋，家塾や郷学等，従来からの教育機関を再編しつつ，全国に小学校が設けられることになった。

　「学制」の規定に沿った小学校は概ね1873年頃から設置され始めたが，1876年には全国に約2万5,000校の小学校が設置されていたとされる。今日（2012年5月1日現在）の全国の国公私立小学校数が2万1,460校であることを考えれば，当時いかに急速に初等教育機関の整備が図られたかがわかるだろう。学制布告書に「今般文部省に於て学制を定め追々教則をも改正し布告に及ぶべきにつき自今以後一般の人民華士族農工商及婦女子必ず邑に不学の戸なく家に不学の人なからしめん事を期す」と記されていたように，すべての国民を小学校に就学させることが明治政府の当面の課題であったのであり，わずかの間に今日を上回る数の小学校が設置されたことに，一日も早く日本の近代化を達成させようとする明治政府の危機感をみることができるだろう。

　しかし，就学児童の受け皿である小学校は設置されたものの，そこに通学する児童の数は伸び悩みをみせていた（図1「明治時代の小学校の就学率」参照）。小学校への就学が敬遠された理由については，小学校で教授される西洋流の学問が，当時の人々の生活に直接生かされるものではなかったこと，国の財政的支援が乏しく，小学校の運営に必要な費用の大半を地域の人々がまかなわなければならなかったこと，農村部において児童は貴重な労働力であったが，農繁期といえども通学が免除されることはなかったので，農業を行っていく上で生じた支障が少なくなかったことなど，複数挙げることができる。

　人々の生活が未だ江戸時代以来の伝統的な部分を色濃く残していた明治初年に，新しい教育態勢を画一的に普及させようとした「学制」の弊害が，小学校への就学不振という現象として顕在化したということができよう。このような状況の打開を図ろうとしたのが，文部大輔として当時の文部行政の中心にいた田中不二麿である。本節では次に，田中の主導で行われた政策転換について学習し，田中が目指した国民教育の内容について考えてみることとしたい。

Ⅱ　明治時代の教育とその思想

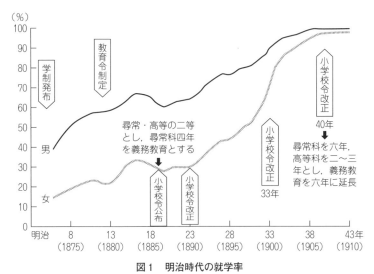

図1　明治時代の就学率
出典：『図で見る教育100年のあゆみ』（文部省，1972年，原典を一部改変）。

（2）啓蒙主義教育政策の転換

　田中不二麿は1845（弘化2）年に名古屋藩士の家に生まれた。名古屋藩は御三家の一角を占めながら，伝統的に幕府の政策に批判的な立場をとり，幕末には勤王派が藩政を主導した。田中も勤王派に属し，藩校明倫堂の監生，後に助教として，藩士養成に従事していた。

　明治新政府の発足に際し田中は新政府に出仕し，発足当初から明治政府の政策遂行に携わることになった。1869年10月に大学校御用掛に，1871年10月には同年7月に新設された文部省の文部大丞に就任し，以後1880年3月に司法卿として転出するまで10年以上にわたり，文部行政の中枢にあって，国民教育制度の構築に携わっていくことになる。

　しかし「学制」の立案に田中は直接関与していない。「学制」の立案が成されていた頃，田中は岩倉使節団の一員として欧米諸国を歴訪し，各国の教育制度の調査に努めていた。「学制」公布の翌年に帰国しその調査結果を『理事功

165

第 2 部　日本教育史

程』にまとめた田中は1877年に文部大輔に就任し，文部行政の事実上の責任者となった。

　欧米諸国の教育制度を詳細に調査してきた田中は，日本の国民教育制度の整備があまりに性急で表層的であることに疑問をもち，国民教育制度がその機能を着実に果たすようになるためにも，日本の実情にあったものに修正していくべきであると考えた。

　田中は1873年にアメリカ人のマレーを文部省顧問（学監）に招き，彼の助言を得ながら，「学制」の修正に向けて舵をきり始めた。マレーは日本の伝統を重んじて教育政策を行うことの必要性を，田中ら文部官僚に説いた。「学制」に対するマレーの改革案は，1877年に『学監考案日本教育法及同説明書』としてまとめられたが，そこには，知・徳・体の均衡のとれた児童の育成を目指す一元的な初等教育の拡充が必要であり，そのために整えられるべき教員養成，教員の身分保障，教科書編纂，小学校財政を父母・町村・政府三者の協同により維持していくといった具体的な方策が提言されている。

　田中はマレーの提言を全面的にふまえ，さらには1876年にフィラデルフィア万博出席を目的に再度渡米した際のみずからの調査結果を加えて，1878年 5 月に「学制」の改正案『日本教育令』をまとめた。この改正案はその後伊藤博文（1841 - 1909）によって修正が施され，1879年12月に「教育令」として公布された。

　「教育令」は画一的な「学制」の規定を改めて，より実情にあったものにするという目的の下に作成されたが，立案の過程からも明らかなように，アメリカの教育制度にその多くを学んだほか，高揚する自由民権運動への懐柔策がとられていたという折からの時代背景もあって，とりわけ地方分権的・自由主義的な色彩が強いという特徴を有していた。例えば，小学校の設置・廃止や教則の設定等を地方学事当局に委ねることにした点や，児童の就学や小学校の設置保護等を掌る各地の学務委員を公選制にした点などに，中央集権的な性格が強かった「学制」との明確な違いがみられる。

（3）徳育推進派による啓蒙主義批判

「学制」にみられる啓蒙主義路線は，一方で徳育推進派からも批判の対象となった。すでにみてきたように，「学制」において重視されたのは西洋の学問を実学とし，日本の近代化にとってなくてはならないものとして教授していこうとする立場であった。徳育推進派は，こうした「学制」がとる啓蒙主義路線は，儒教の経典を学ぶなかで道徳観念を身につけてきた近世以来の日本の教育観とは相容れないものであり，啓蒙主義路線を続けていくことは日本人の道徳観を衰退させていくことに他ならないとして，「学制」を厳しく批判した。

徳育推進派を代表するのは，侍補として天皇を補佐する立場にあった儒学者の元田永孚であった。元田は実学党に属した熊本藩士であり，京都留守居等の役職を務めるなど熊本藩政に携わった後，1871年に侍読として明治政府に出仕し，明治天皇に儒学を講じた。

天皇を中心とする政教一致の国家体制を構築しようとする立場に立つ元田は，仁義忠孝の精神を育む徳育の実施が急務であると考えていた。折からの自由民権運動の高まりのなかで，人心の乱れを危惧していた明治天皇の意向を受ける形で，1879（明治12）年に元田は政府の教育政策に対する天皇の意見書である「教学聖旨（せいし）」を起草し，内務卿の伊藤博文と文部卿の寺島宗則（1832-1893）に示した。

「教学聖旨」は「教学大旨」と「小学条目二件」からなる。「教学大旨」では，「学制」における徳育軽視の流れを批判し，今後は儒教の経典にもとづく仁義忠孝の徳育を第一とし，その上で各自の才能に応じた知育が進められるべきであると述べられている。一方の「小学条目二件」では，「教学大旨」で示された方針を実行するにあたり，「古今ノ忠臣義士孝子節婦ノ画像写真」を学校に掲げて，入学児童に彼らの逸話を聴かせることで仁義忠孝の精神を学ばせるとともに，西洋由来の高尚な理論ではなく，人民の生活に資する事柄を教授するべきことが求められている。

第2部 日本教育史

　伊藤博文は「教育議」を井上毅（1843 - 1895）に起草させてこれに反論した。「教育議」には，天皇が憂慮する人心の乱れは維新変革に起因する社会の変化によるものであって，「学制」の実施によるものではないことが述べられている。そして，こうした人心の乱れを収めていくためにも教育が存在するのであり，その際の教育は儒学によるものであってはならず，儒学を用いることはかえって政治を論じる風潮を助長することにつながりかねないと述べ，折から進められている「教育令」の作成作業には何らの変更も加えることをしなかった。

　その後元田は「教育議附議」を起草して「教育議」に反論したが，伊藤はこれには応じず，徳育推進派による批判をかわして「教育令」公布に踏みきった。

（4）徳育重視への変化

　1879（明治12）年12月に「教育令」が公布され，地方分権的・自由主義的教育政策が展開されるようになると，小学校への児童の就学に停滞の兆しがみられるようになった。その原因は必ずしも明確にはされていないが，啓蒙主義の立場から強力な就学督励政策を進めていた「学制」態勢の反動ととらえることができる。

　「学制」の下で就学督励に従事し，小学校の整備に取り組んできた地方官たちはこうした傾向に危機感を強め，「教育令」公布後まもない1880（明治13）年2月に開かれた地方官会議では，地方官の間から「教育令」改正の建白書が提出されるに至った。

　政府はこうした動きをふまえて再度教育政策を転換することを決意し，1880年12月に「教育令」の改正を行った。これを一般に第2次教育令ないしは改正教育令と呼んでいるが，ここでは第2次教育令と呼んでおくことにする。第2次教育令では，教育内容の決定や学校の設置認可に関する文部省や地方官の権限を強化して，再び中央集権的な性格を強めたほか，小学校の学期や就学期間，1日の授業時間などを明確に定め，児童の就学督励を再び強化する方針を示した。

　一方，第2次教育令では，今日の道徳にあたる修身が新たに筆頭科目に掲げられることになり，徳育重視へと方針が転換されたことも特筆すべきことであ

る。依然として自由民権運動が高まりをみせるなか，天皇の権威にもとづいて
社会秩序の維持を図ることが妥当であると判断した政府は，学校教育の場にお
いて仁義忠孝の精神を涵養していくとする，一旦は拒絶した元田ら徳育推進派
の要求を採用することにしたのである。

　こうした方針の変化にもとづき，1880年4月には，仁義忠孝を基礎とした修
身教科書『小学修身訓』が西村茂樹（1828－1902）によって編纂されたほか，
1881（明治14）年に定められた「小学校教員心得」では，児童の有する知識を
豊富にすることよりも，善良な人間となるよう育むことが重要であり，「皇室
ニ忠ニシテ国家ヲ愛」する人間を教員は育成していかなければならないと定め
られた。また元田永孚も明治天皇の意向を受けて修身用の読本『幼学綱要』
（1882）を執筆し，同書は全国の地方官に対して勅諭を付して配布された。

　こうした儒教主義にもとづく徳育推進の動きは，洋学者らの反論を呼び起こ
し，儒教主義者との間に徳育論争が生じることとなった。福沢諭吉が『徳育如
何』（1882）において，その時代の公議輿論にもとづいて徳育は行われるべき
であるとし，儒教のような不易の道徳にもとづいて行われるべきではないと論
じたほか，加藤弘之（1836－1916）は『徳育方法論』（1887）において，宗教が
徳育の基礎であるとして，宗教を自由に選ばせて徳育を行うことを主張するな
ど，活発に論争が展開されたが，1890（明治23）年の教育勅語の発布により，
こうした動きは収拾させられることになった。

4　教育における国家主義路線の構築

（1）初代文部大臣森有礼の生涯

　「学制」公布以来試行錯誤を重ねてきた国民教育制度は，初代文部大臣森有
礼のもとで国家主義路線をとることに決し，いわゆる学校令が制定された。学
校令を基盤として国民教育制度の整備が進められ，明治後期には就学率の上昇
と，中・高等教育への進学の拡大がみられるようになった。本節では，日本に
おける国民教育制度の基盤を構築した森有礼の思想と政策について詳しくみて
いくが，はじめに彼の生涯について紹介しておきたい。

第2部　日本教育史

　　森有礼は，鹿児島藩士の五男として鹿児島に生まれた。1865年に藩の英国留学生としてイギリスに渡り，自然科学を中心とした西洋の学問を習得した。留学中に森は視聴覚に障害をもつ子どもを対象とした教育機関を訪れ，イギリスの特別支援教育の実際について教師から詳しい説明を受け，その先進的な取り組みに大きな感銘を受けている。その後アメリカに渡り，神秘主義の宗教家ハリスの下で共同生活を送った彼は，そこでの生活のなかから規律と集団主義を重んじた教育の必要性を学び，文部大臣就任後，師範教育のなかにそれを取り入れることになる。

　1868（明治元）年に帰国した森は新政府に出仕し，1870年には初代アメリカ公使として再び渡米した。教育に深い関心を示していた森は，アメリカの各界有識者15人に宛てて日本の教育に関する質問状を送って教示を求め，その回答をまとめた『日本の教育』（*Education in Japan*, 1873）をワシントンで出版している。

　1873年に帰国した森は，福沢諭吉，中村正直（1832-1891），加藤弘之，西
周（1829-1897），西村茂樹ら洋学者を誘い，啓蒙団体明六社を設立した。明六社の同人たちは，啓蒙雑誌『明六雑誌』を発行し，封建思想の排除と近代思想の普及に努めた。また1875年に森は，現在の一橋大学の源流である商法講習所を設置している。こうした活動の一方で森は，清国公使やイギリス公使を務めるなど一貫して外交畑を歩いたが，伊藤博文の求めに応じて1884年に文部省に入り，1885（明治18）年12月，伊藤内閣の文部大臣に就任した。

　文部大臣に就任した森は，近代的な国民を育成するシステムづくりに精力的に取り組んだ。教育の質を高める目的で教科書検定を実施したことや，教育関係者による教育自治組織である教育会の設置を奨励したことなどは，その典型である。しかし彼の急進的な政策は，依然として封建的な考えをもち続けている士族層を中心に少なからぬ反発を招いた。1889（明治22）年2月11日，大日本帝国憲法発布の式典に向かうため大臣官邸を出ようとした矢先に，森は彼に反感を抱く復古主義者に刺され，翌日，志半ばにして世を去った。

170

（2）学校令の制定にみる森有礼の思想

　森有礼は1886（明治19）年に学校令を制定した。学校令とは，「帝国大学令」（3月公布），「小学校令」，「中学校令」，「師範学校令」（いずれも4月公布）の総称（通称）である。

　このうち「小学校令」では，尋常小学校の4年間がはじめて義務教育として規定されたほか，有償の尋常小学校を補完するために無償で修学年限3年の小学簡易科が規定されるなど，義務教育制度の定着が目指された。

　一方「帝国大学令」では，大学が国家の必要に応じた学術，技芸を教授，攻究する機関（帝国大学）として位置づけられた。これにより帝国大学の卒業生は，その多くが官庁や官公立学校に就職することとなった。

　また「師範学校令」には，将来的に国民教育を担うことになる師範学校生徒が在学中に体得すべき性質として，順良，信愛，威重のいわゆる三気質が規定され，全寮制による集団生活や兵式体操による訓練を経ることで，こうした性質を体得した人材の育成が進められることになった。

　単一の法規によってすべての学校が規定されていたそれまでの「学制」や「教育令」とは異なり，学校令では各学校が有する目的を明確にするために学校種別毎に法規を定めた。森はそれぞれの学校の目的を明確に定めることで，国家に有用な人材の育成を効率的に行おうとしたのである。国家のための教育という観点を重視する森は，「政府カ文部省ヲ設立シテ学制ノ責ニ任セシメ，加之国庫ノ資力ヲ籍リテ諸学校ヲ維持スルモノ国家ノ為ナリトセハ，学政ノ目的モ亦専ラ国家ノ為メト云フコトニ帰セサル可ラス」（「文部省において直轄学校長に対する演説」）と，「学政」（教育行政）の目的を国家に帰結させるとともに，「教育ト学問トノ区別ヲ簡単ニ説クヘシ（中略）今其実例ヲ挙グレバ，帝国大学ハ学問ノ場所ニシテ中学校，小学校ハ教育ノ場所ナリ，高等中学校ハ半ハ学問，半ハ教育ノ部類ニ属ス」（「宮城県庁において県官郡区長及び学校長に対する演説」）と述べ，「教育」と「学問」を区別して考えた。すなわち大多数の国民は，小学校あるいは中学校において国民として身につけるべき基礎的な「教育」を受ける一方で，一部の人間は帝国大学に進学し，国家の指導的立場に立つのに必要な「学問」を身につけるという，学校教育の二重構造を想定

第2部　日本教育史

したのである。

　森は，学生や生徒・児童に対して国民としての自覚をもたせるために，愛国
心の涵養を目的としたいくつかの試みを行った。例えば，天皇，皇后の肖像写
真である御真影の下付を進め，国家祝日（神武天皇即位日…紀元節，天皇誕生
日…天長節，元日）にその拝礼式を実施するよう奨励したほか，「紀元節歌」
「天長節歌」をつくり，拝礼の際それらを演奏することを勧めるなどの取り組
みを行ったことが挙げられる。しかし学校において仁義忠孝のような儒教主義
的な徳目を教え込むことは，近代的な国家を支える国民を育成する手段として
ふさわしくないとし，第2次教育令公布以降継続されてきた修身の儒教主義的
傾向を改めた。ここから，当時の洋学者を代表する一人でもあった彼の啓蒙主
義的な考え方をみてとることができるだろう。

（3）教育勅語の発布

　1889（明治22）年に大日本帝国憲法が発布され，天皇主権の政治体制が整う
と，森文政のもとで進められた啓蒙主義的な徳育方針に対する批判が強まった。
とりわけ，各地で実際に教育を担当する地方官たちは，人心を把握，統制する
うえでの不安から批判の声を強くし，1890（明治23）年に開かれた地方長官会
議において「徳育涵養ノ義ニ付建議」を決議し，文部大臣榎本武揚（1836-
1908）と内閣総理大臣山県有朋（1838-1922）に宛てて提出した。これを受けて，
徳育強化に強い関心を示していた山県が明治天皇に上奏し，徳教に関する箴言
（格言）編纂の下命を得た。

　その後，山県の側近である芳川顕正（1841-1920）が文部大臣に就任し，徳
教に関する箴言，すなわち教育勅語の編纂が進められた。草案は内閣法制局長
官井上毅が作成し，これに儒教主義的徳育の推進に尽力してきた枢密顧問官元
田永孚の意見が加えられ，1890年10月に「教育ニ関スル勅語」（教育勅語）と
して明治天皇から下賜された。その内容は，いにしえより続く日本の国体が教
育の源であることを示したうえで，天皇の臣民である国民の守るべき徳目を列
挙し，その実践を通じて「皇運ヲ扶翼」することが臣民の務めであることを天
皇みずからが説くものとなっている。

Ⅱ　明治時代の教育とその思想

　教育勅語の文書それ自体は法的拘束力をもつものではない。しかし，作成の
そもそもの理由からも明らかなように，忠君愛国に象徴される教育勅語に記さ
れた徳目が以後の修身の内容を強く規定したうえに，勅語謄本^{とうほん}が全国の各学校
に配布され，祝祭日の儀式や学校行事の折に，勅語の奉読を行うよう指示され
たことで，教育勅語は国民道徳の基本理念として位置づけられることになった。

5　明治後期の教育

（1）義務教育制度の展開

　1890（明治23）年に，1886（明治19）年の「小学校令」を廃止し，新たに「小
学校令」が公布された。これを一般に第2次小学校令と呼ぶ。1888（明治21）
年に公布された市制町村制により，小学校の設置維持，小学校教育の実施運営
は，国家の委任事務および機関委任事務として市町村に課された。これに関わ
る法制を整備する必要性から第2次小学校令は制定された。

　第2次小学校令は市町村に尋常小学校の設置を義務づけたほか，その第1条
に小学校教育の目的を「小学校ハ児童身体ノ発達ニ留意シテ道徳教育及国民教
育ノ基礎並其生活ニ必須ナル普通ノ知識技能ヲ授クルヲ以テ本旨トス」と明示
した。1941（昭和16）年に「国民学校令」が公布されるまで，この目的規定は
存続した。

　1900（明治33）年に「小学校令」は改正された。これを一般に第3次小学校
令と呼ぶ。第3次小学校令により尋常小学校は4年の課程に統一され，授業料
を徴収しないことが原則とされた。また，児童の就学義務の責任の所在を明確
にし，学齢児童の雇用者に対して雇用により就学を妨げることを禁じた。カリ
キュラムにおいては，従来の読書，作文，習字の3教科を統合した教科である
国語が登場し，必修科目を修身，国語，算術，体育の4科目とした。学年の修
了，卒業を試験によるとしていた従来の方針を改め，平常の成績によるとされ
たのもこの改正によってであった。この改正により，4年制の義務教育制度が
一応の確立をみた。

　この頃，小学校の就学率は90％を超えた。これを受けて1907（明治40）年に

173

第2部　日本教育史

「小学校令」を一部改正し義務教育年限が6年に延長され，翌年実施された。しかし実際には女子を中心に中途退学者が多くみられた。中途退学の要因として児童労働，とりわけ「子守」や養蚕・製糸業への従事を挙げることができる。中途退学者がほぼみられなくなるのは1920年代のことであった。

　一方，教科書制度についてもこの時期に大きな転換がみられた。1886（明治19）年の第1次小学校令以降継続されてきた検定制に代わり，1903（明治36）年に「小学校令」を一部改正して国定教科書制度が導入された。その契機は，前年に生じた教科書の採用をめぐる贈収賄事件である教科書疑獄事件であったが，すでに帝国議会で修身をはじめとする教科書の国定化を求める建議が出され，政府が修身教科書調査委員会を設けて国定修身教科書の編纂準備を進めていた。当初は修身，国語，地理，歴史の教科書が国定となったが，その後，算術，図画，理科の教科書も国定とされ，1941（昭和16）年の「国民学校令」では「郷土ニ関スル図書」を除いてすべての教科書が国定とされた。

（2）中等教育機関の諸相

　1890年代に生じた産業構造の近代化の進展や義務教育修了者の増加が契機となり，中等教育制度の整備が図られた。

　1899（明治32）年に「中学校令」が改正された。この改正により，従来の尋常中学校が「中学校」と改称された。これに先立つ1894（明治27）年に公布された「高等学校令」により，従来の高等中学校が高等学校に改められたことをふまえての改称であった。また，中学校を「男子ニ須要ナル高等普通教育ヲ為ス」場所と定めた。これにより「中学校令」から実業教育と女子教育が切り離されることになり，「中学校令」改正と同時に「実業学校令」と「高等女学校令」が公布された。

　「実業学校令」は実業学校を「実業ニ従事スル者ニ須要ナル教育ヲ為ス」場所と定め，その種類として工業，農業，商業，商船の各学校と実業補習学校を挙げている。

　「高等女学校令」は高等女学校を「女子ニ須要ナル高等普通教育ヲ為ス」場所と定めた。「良妻賢母」主義教育を標榜した高等女学校は，男子の中学校に

比して数学，外国語，理科の配当時数が少なく，裁縫，修身，音楽等の配当時数が多かった。修業年限も中学校が5年であったの対して3～5年とされ，中学校に比して修業年限の短い学校が大半であった。

「高等女学校令」と同じ年に公布された「私立学校令」と文部省訓令第12号も，この時期の女子の中等教育に大きな影響を与えた。「私立学校令」は同年に実施された外国人の内地雑居の許可に伴い予想される，外国人による私立学校経営を監督する目的で公布された。一方，文部省訓令第12号は，「学科課程ニ関シ法令ニ規定アル学校」において課程内外を問わず宗教教育を禁止する法令で，「私立学校令」同様，外国人の内地雑居の許可に伴う措置として，学校教育からのキリスト教の排除を意図したものであった。これらの法令により，女子中等教育に先駆的な役割を果たしてきた多くのキリスト教系の女学校は，「学科課程ニ関シ法令ニ規定アル学校」であった高等女学校ではなく，各種学校としてキリスト教主義にもとづく教育を継続する道を選んだ。

（3）高等教育の動向

初代文部大臣森有礼は，東京に置かれた帝国大学が「大学」としての機能を果たし，全国の拠点に開設された七つの高等中学校（第一・東京，第二・仙台，第三・京都，第四・金沢，第五・熊本，山口，鹿児島）が，高度の普通教育と専門学を教授する場として，それぞれの地域の高等教育を担うスタイルを構想した。ところが実際には，高等中学校は帝国大学の予科としての機能を第一に果たすことになり，専門学を教授する場としての機能を果たし得ていなかった。

1893（明治26）年に文部大臣に就任した井上毅は，翌年に「高等学校令」を公布して高等中学校を高等学校に改め，「専門学科ヲ教授スル所」としての本来の機能を果たすことを目指した。しかし専門学を教授する場としての発展はみられず，その後も専ら帝国大学の予科としての機能を果たす場として存続することになった。

日清，日露戦争に端を発した産業の近代化と，資本主義の展開により，高等教育機関への進学希望者は急速に増加し，それに伴い高等教育機関の整備，拡充が図られた。1897（明治30）年に京都，1907（明治40）年に東北，1911（明治

44）年に九州の各帝国大学が新設された。帝国大学の予科としての機能を有した高等学校も，1900（明治33）年に第六高等学校が岡山に，鹿児島高等中学造士館を再興する形で1901（明治34）年に第七高等学校造士館が鹿児島に，1908（明治41）年に第八高等学校が名古屋に増設された。

　帝国大学の増設と併行して進められたのが，官公立の単科専門教育機関や私立学校を高等教育機関として認可し組織化することであった。1903（明治36）年に「専門学校令」が公布されたが，その第1条に「高等ノ学術技芸ヲ教授スル学校ハ専門学校トス」と書かれている。「高等ノ学術技芸ヲ教授スル学校」で，すでに単独の法令が定められている帝国大学にも高等学校にも該当しない高等教育機関を専門学校とし，この法令のもとで組織化する意図が端的に示されている。公布と同年に東京外国語学校（現在の東京外国語大学）など官立15校が専門学校となり，京都府立医学専門学校（現在の京都府立医科大学）など公立3校，明治大学など私立27校が専門学校として認可された。翌1904年には日本女子大学校（現在の日本女子大学）が専門学校として認可され，男子校であった高等学校や女子に門戸を開かない帝国大学に代わって，高等教育機関への入学を希望する女子の学びの場となった。専門学校の修業年限は3年以上，入学資格は中学校ないしは修業年限4年以上の高等女学校の卒業者，またはこれと同等以上の学力を有する者とされた。

コラム　明治時代に導入された新しい教授法

　明治時代に入り，近代国家を支える国民を育成する必要性から，国民皆学のスローガンのもと，すべての国民を対象とした近代学校制度が導入された。近代学校制度のもとでは，多数の児童に均しく知識を伝達し，加えてその能力を育むことが求められたため，江戸時代に一般的であった個別教授に代わる新たな教授法が取り入れられることになった。それが一斉教授法であり，学校教育

の現場において今日一般的に行われている教授法の源流にあたる。

　一斉教授法の実践は，お雇い外国人の一人として明治政府に招聘されたアメリカ人のスコット（*Marion McCarrell Scott* 1843 - 1922）により，日本人に伝授された。アメリカの師範教育に精通していたスコットは，東京の官立師範学校にアメリカの小学校で用いられている教科書や教具を取り寄せ，同校の生徒を前にしてアメリカの小学校と同様の授業方法を展開してみせた。スコットから一斉教授法の技術を学んだ師範学校の生徒たちは，その後各地の師範学校に教師として赴任し，そこで学ぶ生徒たちに一斉教授法の技術を伝えていった。

　このようにして新たに導入された一斉教授法は，徐々に全国の小学校に流布していくことになった。一方で，東京の官立師範学校長であった諸葛信澄（1849 - 1880）によって書かれた『小学教師必携』（1873）や『文部省雑誌』（1873年から1883年にかけて刊行。途中『教育雑誌』へと，さらにその後『文部省教育雑誌』へと誌名を変更）上に掲載された欧米の教授理論書の翻訳が全国の教育関係者に読まれたことも，新しい教授法の普及を促す原動力の一つとなった。

　当初，お雇い外国人や教授理論の翻訳書によってなされた新しい教授法の紹介も，明治10年代には洋行した日本人みずからの手で行われるようになった。教員養成システムの調査のため渡米した高嶺秀夫（1854 - 1910）や伊沢修二（1851 - 1917）らは，オスウィーゴー師範学校においてペスタロッチ主義の教授理論を学び，1878（明治11）年に帰国した後，東京師範学校においてその理論を同校の生徒たちに伝授した。高嶺らは，子どもの認識の発達は感覚を通じて得られる知覚を基礎とし次第に抽象的思考へと進むという把握に立って，五官の訓練法や事物に即した教授法を生徒たちに伝えた。高嶺らによって伝えられたペスタロッチ主義の教授法は，子どもの能力の発達を促す方法であるという観点から開発主義教授法と呼ばれ，全国に流布した。

引用・参考文献

今井康雄編『教育思想史』有斐閣，2009年。

大久保利謙編『森有礼全集』第 1 巻，宣文堂書店，1972年。

沖田行司編著『人物で見る日本の教育』ミネルヴァ書房，2012年。

海後宗臣監修『日本近代教育史事典』平凡社，1971年。

唐沢富太郎編著『図説教育人物事典』ぎょうせい，1984年。

久保義三ほか編著『現代教育史事典』東京書籍，2001年。

第2部　日本教育史

国立教育研究所『日本近代教育百年史』第4巻，教育研究振興会，1974年。

田中克佳『教育史』慶應通信，1982年。

遠山茂樹『福沢諭吉──思想と政治との関連』東京大学出版会，1970年。

福沢諭吉『学問のすゝめ』岩波書店，1942年。

福沢諭吉著，富田正文校訂『新訂福翁自伝』岩波書店，1978年。

古沢常雄・米田俊彦編著『教育史』学文社，2009年。

堀松武一編『日本教育史』国土社，1985年。

森川輝紀『増補版教育勅語への道──教育の政治史』三元社，2011年。

山田恵吾・貝塚茂樹編著『教育学の教科書──教育を考えるための12章』文化書房博
　　文社，2008年。

山田恵吾・貝塚茂樹編著『教育史からみる学校・教師・人間像』梓出版社，2005年。

『復刻版教育勅語渙発関係資料集』コンパニオン出版，1985年。

『福沢諭吉事典』慶応義塾，2010年。

（軽部勝一郎）

Ⅲ　大正新教育の思想と実践

第2部　日本教育史

1　教育現場からの改革

近年の教育改革では，「主体的・対話的で深い学び」の実現や「個別最適な学び」と「協働的な学び」の充実などが提唱されている。ただし，こうした考え方は現代に特有なものではなく，大正新教育（大正自由教育）と呼ばれる運動の中ですでに掲げられていたものである。新教育運動はヨーロッパやアメリカで生起したのち，国際的な広がりをみせ，日本でも20世紀への転換期頃からその影響が現れるようになった。当時は「自学」「活動主義」「児童中心主義」あるいは「自治」や「共働」といったキーワードとともに，多様な教育論や実践が展開されていた。

大正新教育が生起する時期の日本社会は，経済発展も目覚ましく，新中間層といわれる階層を中心にデモクラシーの思潮が高揚していった。教育界では，1900（明治33）年の「小学校令」改正によって，4年間の義務教育制度が一応成立しており，さらに6年間への年限延長も実現していった。しかし，それとともに，国定教科書制度も成立し，国家による教育内容統制が強化されていった。教育現場には，ドイツからヘルバルト主義五段階教授法が紹介されていたが，学習者の認識過程に対する理解の欠如や，国定教科書の記述の伝達を教師の役割とみる教職観などにより，実践の形骸化や画一化が生じていた。

こうした中で，ヘルバルト主義に対する批判と新教育への転換を先駆的に提唱したのが，谷本富（1867‐1946）や樋口勘次郎（1871‐1917）らであった。ヘルバルト主義教育学を紹介してきた谷本は，欧米留学後にフランスのドモラン（Joseph Edmond Demolins, 1852‐1907）らの教育論を紹介して新時代を担う「新人物」の育成を掲げた。一方樋口は，アメリカにおける新教育運動（進歩主義教育運動）の父と評されるパーカー（Francis Wayland Parker, 1837‐1902）の教育論に学び，『統合主義新教授法』（1899年）を著した。樋口は東京高等師範学校附属小学校において，遠足を中核的活動として自然観察や作文教育などと関連づけた実践を試みた。

大正期は，教育学者や教師に限らず，幅広い分野の人々が児童とその教育に

関心を寄せた時代であり，音楽や文学，美術などの領域では芸術教育運動も展開された。夏目漱石の門下生である鈴木三重吉（1882 - 1936）が児童向け読物として雑誌『赤い鳥』を創刊し，最盛期の発行数は3万部を超えた。鈴木の試みに賛同した北原白秋（1885 - 1942）らも，従来の唱歌教育を批判して児童文学や童謡を発展させていった。また，ヨーロッパ美術を学んで帰国した山本鼎（1882 - 1946）は，教科書を模写する臨画教育を批判して自由画教育の必要性を唱えた。1921（大正10）年には，山本の呼びかけに北原やロシア文学者の片上伸（1884 - 1928）らが応じて，「日本自由教育協会」も結成された。彼らの学校批判や問題提起もまた，大正新教育の刺激となったのである。

　大正新教育の実践は，師範学校附属小学校や私立の新学校で先駆的に行われた。前者には，及川平治（1875 - 1939）が主事を務めた兵庫県明石女子師範学校附属小学校，木下竹次（1872 - 1946）が主事を務めた奈良女子高等師範学校附属小学校，手塚岸衛（1880 - 1936）が主事を務めた千葉県師範学校附属小学校，北沢種一（1880 - 1931）が主事を務めた東京女子高等師範学校附属小学校などがある。後者には，1912（明治45）年創設の西山哲治（1883 - 1939）の帝国幼稚園・小学校や中村春二（1877 - 1924）の成蹊実務学校を嚆矢とし，沢柳政太郎（1865 - 1927）の成城小学校（学園），そこから独立した小原国芳（1887 - 1977）の玉川学園や赤井米吉（1887 - 1974）の明星学園などの著名な実践校がある。こうした動きは，公立小学校にも広がりをみせていくこととなった。

　1921（大正10）年には大正新教育に縁ある人物を講師に含む「八大教育主張」講演会（1921年）が開かれ，多数の教師たちが参加した。既述の小原，及川，手塚のほか，稲毛金七（詛風），樋口長市，片上伸，千葉命吉，河野清丸らが登壇したこの講演会は，会場収容定員を2,000名に拡充しても1,000名謝絶するほど盛会であった。一方で，文部省や地方行政当局の中には次第に新教育の流行を危惧する動きもみられた。1924年には，長野県松本女子師範学校附属小学校で国定教科書を用いずに授業を行った川井清一郎が休職処分となり，最終的に退職に至る川井訓導事件が起きていた。

　本章では，大正新教育における既述の指導者のうち，及川，木下，沢柳の3名の思想と実践をとりあげる。彼らは，それぞれの学校で新しい研究や実践に

取り組み，そこで得た知見や成果を発信することで，全国の教師たちに教育改革の必要性を呼びかけたのである。

2　及川平治──教授法改革の先覚者

(1) 生い立ち

及川平治は，1875（明治8）年に宮城県旧栗原郡若柳町の農家に生まれ，若柳小学校高等科を卒業して代用教員を務めたのち，宮城県師範学校に進学して1897（明治30）年に同校の附属小学校訓導となった。当時及川は，様々な学年の児童で構成される学級を受け持っていたが，そこには家庭環境や能力に恵まれているとは言い難い子どもも在籍していた。及川が自発的な学習にこそ意義があると考えるようになった契機は，自

習を課された児童が発した「学校はいやな場所じゃ」という言葉であったという（橋本，2012）。

同校における取り組みが評価され，及川は20代半ばで県内の茂崎尋常高等小学校長兼訓導に就任したが，まもなく辞職して上京した。東京では小学校の訓導を務めながら，文検（文部省師範学校中学校高等女学校教員検定試験）「教育科」を受験するため勉学に励んだ。戦前は各府県が設立した尋常師範学校で初等教員養成を行い，中等教員の養成は，大学や官立の高等師範学校で行うことが基本とされていたが，及川はこの試験に合格することで師範学校の教員免許状を取得した。

こうして彼は1907（明治40）年に兵庫県明石女子師範学校の教諭となり，附属小学校（以下，明石附小と表記）と附属幼稚園の主事も務めることとなった。これ以後，晩年に郷里に戻るまでの時間を及川は同校で過ごし，海外の様々な教育動向に学びながら初等教育の改革に尽力した。1912（大正元）年に刊行した主著『分団式動的教育法』は，及川が明石附小着任以来取り組んできた実践を理論的に基礎づけたものである。同書は25版を重ね，2万5,000部の発行数

を誇る教育史上の一大ベストセラーとなった。

（2）分団式動的教育法の提唱

　現代の日本でも，児童・生徒間にみられる「学力格差」が問題とされている
が，『分団式動的教育法』で「能力不同」という見方に立った及川は，どのよ
うな教授法改革に取り組んだのであろうか。

　既述の通り，及川は児童の家庭環境や能力の違いに直面してきたが，明石附
小にも子守のために学校に通うことのできない児童や，家庭の経済事情から退
学せざるを得ない児童が在籍していた。及川はこうした児童のもとに出向いて
学習指導を行い，続いて「劣等児」とみなされていた児童に個別指導を開始し
た。一部の児童に対して試みた個別指導が軌道に乗ると，及川は学校に在籍す
る全児童がそれぞれに置かれている状況や，彼らの興味，能力の差に応じた教
授法を追究していくようになった。

　一人ひとりに応じた教授法を考案する際及川が手掛かりとしたのが，アメリ
カの様々な個別化教授プランであった。外国からの移民を多数抱えつつ初等教
育就学率が上昇したアメリカでは，言語や文化的背景の違い，またそれらに起
因する学校での能力差にどう対応するかが課題となっており，各地で多様なプ
ランが開発されていた。それらの中には，徹底した個別教授も含まれていたが，
及川自身は，様々な児童が集まる学級という組織を維持しながら，一斉教授，
個別教授，グループ別の分団教授を児童の状態に合わせて使いわける「分団式
教育」を実施した。

　また，「分団式動的教育法」という用語に示されるように，及川の「分団式
教育」は「動的教育論」とセットで提唱された。自発的な学習の実現という実
践課題から，及川は「動的教育」を掲げ，教師が一方的に教授する教育を「静
的教育」と批判した。明石附小に着任した及川は，児童の自己活動を尊重して
「為さしむる主義」を教育方針とし，やがてその理論を「動的教育論」として
論じるようになった。「分団式教育」は自発的な学習を実現するために考案さ
れたのである。

第2部　日本教育史

（3）カリキュラム研究への発展

　上記のような教授法研究に取り組む中で，及川は経験主義カリキュラムの構成原理である「生活単元（生活単位）」に着目するようになっていった。また，1920年代の留学を通して，アメリカで進んでいたカリキュラム研究に加え，ヨーロッパの新教育にも強い関心を寄せるようになった。及川が特に注目したのは，経験主義カリキュラムのモデルを開発したコロンビア大学ティーチャーズ・カレッジ附属実験学校リンカーン・スクールの取り組みであった。戦後のコア・カリキュラム運動でわが国が手本としたヴァージニア・プランも，同校のカリキュラムにそのルーツがあると言われている。リンカーン・スクールの単元は，ベルギーにおける新教育の指導者ドクロリー（Jean-Ovide Decroly, 1871 - 1932）の「興味の中心」という概念を基礎にしており，及川自身もドクロリー教育法に関する研究を深めていった。こうした海外の新教育情報に学びながら，及川は児童の「興味」に着目し，彼らの欲求を満たす経験を「生活単元」として組織していったのである。

　及川の指導のもとで，明石附小では実際に訓導による「生活単元」の開発が行われた。例えば，第1学年の児童を対象に考案された「電車乗り遊び—明石から兵庫まで」という単元の内容を紹介してみよう。この単元は，当時須磨公園で開催されていた日光博覧会に対する児童の「興味」に着目して構成されたものである。児童が博覧会を訪ねるための計画を立て，6時間の学習が行われている。電車に乗るという活動を実践に組み込み，切符の買い方，使い方，価格表の読み方や乗車上のマナーなどを実際に経験することで，乗車に必要な知識・習慣・態度を学ぶことが目指されていた。

　また，及川は附属幼稚園の保姆と附属小学校の訓導がともに参加するかたちで研究会を開き，こうした「生活単元」を幼稚園教育と関連づけて開発していった。幼稚園から小学校への円滑な接続を目指す幼小連携もまた現代日本の教育課題の一つであるが，双方の教育現場を指導してきた及川の改革は，その先駆的事例とみることができるであろう。

184

Ⅲ　大正新教育の思想と実践

3　木下竹次——学習原理の探求

(1) 生い立ち

　木下竹次は，1872（明治5）年に福井県大野郡勝山町で旧勝山藩士の家に生まれた。福井尋常小学校卒業後に木下家の養子となり，福井県師範学校を卒業した。卒業後は一時地元の小学校で訓導を務めたが，まもなく東京高等師範学校に進学した。父親の反対で研究科への進学は断念したものの，その後も寸暇を惜しんで読書に励む向学心の強い青年であった。1898（明治31）年に東京高等師範学校を卒業した木下は，20代後半から30代にかけて，奈良県，富山県，鹿児島県，京都府において，主に師範学校の学生に教育学などを教え，附属小学校や附属幼稚園の主事を務めた。その過程で，彼はいくつかユニークな取り組みに着手している。

　富山県師範学校では，木下が主事を務めた附属小学校に県内で最初の幼稚園を付設し，時間割を廃して保育を行っていたという。木下自身は，後年取り組むことになる「合科学習」の実践のルーツをそこに見出している。また，鹿児島県師範学校とその附属小学校では，「自学主義」を掲げて自習時間を設けた。同校で木下に学び，のちに新教育運動の指導者として活躍した小原によれば，当時の木下は，授業以外にも学生に「自学」の機会を提供し，彼らのために多数の参考図書を購入していたという（小原，1960）。その後，鹿児島県師範学校から女子部が独立すると，木下は鹿児島県女子師範学校，同時期設立の県立第二高等女学校の初代校長に就任した。両校では，女子の裁縫教育の改革に取り組み，裁縫の練習に毎日取り組んでいた。木下はこの時期に『裁縫新教授法』（1916年）なども著している。

　1919（大正8）年，木下は奈良女子高等師範学校長に懇願されて，同校に赴任することとなった。前項の及川と同様，木下がここで附属小学校の主事を務めた期間は長期に及んでいる（以下，奈良女高師，奈良女高師附小と表記）。

第2部　日本教育史

すでに「自学主義」を唱えてきた木下であったが，奈良女高師附小では「学習」を教育原理に掲げて，全国の教師たちから注目される存在となった。

（2）教育原理としての「学習」

　奈良女高師では木下の着任後，附属小学校を中心として学習研究会が創設され，全国に多数の会員を擁するようになった。1921（大正10）年には児童向け雑誌『伸びて行く』を発行し，その翌年には附属小学校の実践や研究成果を公表する媒体として，雑誌『学習研究』を発行した。木下の主著『学習原論』（1923年）は，彼が『学習研究』誌に寄稿した論考をまとめたものである。同書が刊行された頃には，奈良女高師附小に訪れる参観者は年間2万人を超えていたとされ，学習研究会主催の講習会への参加者も年々増加していった。

　木下が掲げた「学習」という言葉は，現在ではごく一般的に使用されているが，「教授」の方が主流であった当時の教育界に新しいブームを巻き起こした。『学習原論』において，木下は従来の教育は「他律的」であったと述べ，教師が「教授」の目的や教材，教授過程を決定して，それを児童に与えるだけの教育を批判した。そのような教育を克服すべく，木下は「自律的学習」の必要性を説いたが，「学習」は単なる「教授」の対義語ではなかった。当時の教育学では，しばしば教育作用が「教授」「訓練」「養護」という三つの概念で説明されていたが，これらすべてを含む人間形成全体を表すのが，木下の「学習」概念であった。したがって，教師が取り組むべき「学習研究の範囲はすこぶる広い」と彼は考えていたのである。

　このように広い意味をもつ「学習」においては，決められたことをいかに学ぶかではなく，児童自身が学習の目的や方法を考え，その目的を達成するために必要な意欲や態度も身につけていくことが目指された。『伸びて行く』の創刊号において，木下は「何でも能く疑う」こと，そして自分の疑問を解決するためには「工夫」してみることや「実行」してみることが必要であり，その方法を他人から教えてもらうだけでは本当の意味で成長することはできないと児童に語りかけている。

（3）「合科学習」の実践

奈良女高師附小で，木下がどのような実践に着手したのかをみていこう。木下はまず高学年に特設学習時間を導入し，この時間は，児童が各自の課題を定めて学習に取り組むこととされた。当初木下は，自律的な学習は高学年児童ならば可能と考えていたが，次第にそのような学習が低学年児童にも可能なのではないかと感じるようになっていった。最終的には，初等教育の最初の段階から自律的な学習を実施することが重要であると考えるに至り，1920（大正9）年から，第1学年で「合科学習」を開始するようになった。「合科学習」は特定の時間に限定された学習ではなく，教科の枠を取り払い，時間割を廃止して，教科書に縛られない実践が全面的に行われた。この実践は，第3学年まで継続して行われるようになり，教師たちは，入学時に受け持った学級をそのまま担任することを基本に，各自の研究を継続的に深めていった。

「合科学習」の実施に際しては，学習する「環境」と「題材」の研究が重視されていた。教師たちは，学校近隣の地域や児童と相互に作用する「環境」に注目し，「題材」は各児童の関心や学級全体の話し合いによって選択された。奈良女高師附小の学習法では，学級全体で選んだ共通の「題材」に対しても，まずは個人の学習目的や計画のもとに「独自学習」を行うという方法が採用された。続いて，その学習の成果を他の児童と共有する「相互学習」を実施し，さらに再び各自の研究課題を深める「独自学習」を行うという学習サイクルが導入されていた。

学ぶべき「題材」を児童が決めるこの実践では，「イウビンキョク（ユウビンキョク）」「ゑはがき（えはがき）」「ポスト」「手紙」「郵便局」などのように，同一ないし類似するものが繰り返し選択された。こうした現象から，奈良女高師附小では児童に同じことばかり学ばせているという批判も当時みられたが，「題材」が同じであるということと，「学習」が同じであるということは同校では明確に区別されていた。児童の成長とともに，同じ「題材」でも新しい問いや発見が生まれ，そこから学ぶ内容を広げ，深めていくことは可能だからである。むしろ，「題材」の重複を「学習」の重複とする見方には，児童が実際に学んでいるものをとらえる視点が欠けていると同校の教師はとらえていたのである。

4　沢柳政太郎——「実際的教育学」の提唱

(1) 生い立ち

　沢柳政太郎は1865（慶応元）年に旧松本藩天白町（現長野県松本市北深志町）の松本藩士の家に生まれ，地元の小学校入学後，父親の転勤に伴い東京師範学校附属小学校に転校した。その後，東京府中学校，東京大学予備門に進学して，東京大学文学部哲学科に入学した。1888（明治21）年に大学を卒業し，森有礼文政期に文部省に入省したが，修身教科書の検定に関する機密情報漏えいの責任を取り数年後に依願退職することとなった。

　文部省退職後の沢柳は，浄土真宗大谷派が設立した京都府の大谷尋常中学校，群馬県尋常中学校，第二高等学校（仙台），第一高等学校（東京）で校長を歴任した。これらの学校の中には，学生の不満が爆発し，騒動に発展する問題を抱えているケースもみられた。そうした問題の解決を期待された沢柳は，学生を弾圧するのではなく，彼らの意見を聞いて対話し，授業改善によって学ぶこと本来の楽しさを教えるという解決策をとった。その功績が認められ，1898（明治31）年に沢柳は再び文部省に戻り，普通学務局長や文部次官を務めた。1900年の「小学校令」改正によって，義務教育制度の整備をすすめたのも沢柳であった。

　病気療養を機に再び文部省を去った沢柳は，教育に関する著作の執筆に精を出し，『教師及校長論』（1908年）や『実際的教育学』（1909年）などの代表作を刊行した。また，1911（明治44）年には東北帝国大学の初代総長に就任し，わが国で初めて女子の大学入学を認めて注目を集めた。その2年後には京都帝国大学の総長に就任したが，研究業績が不十分であると判断した7名の教授を罷免し，京大沢柳事件と呼ばれる出来事を引き起こしている。この件に関しては，教授会の人事権を無視した行為であると法科大学の教授らが激しく抗議し，最

終的には沢柳自身が辞職する結果となった。

　以上のように，沢柳は文部官僚としてその手腕を発揮するとともに，中等教育や高等教育の現場では自らがその教育的指導者の立場にあった。しかし，彼が最も関心を寄せ，重要であると考えてきたのは初等教育であった。1917（大正6）年には成城小学校を創設し，同校の校長として念願の初等教育に携わることとなった。

（2）新しい教育学と教師への期待

　成城小学校設立の意義をとらえる際に欠かせないのが，沢柳による教育学の構想である。文部省退職後にまとめた『実際的教育学』において，沢柳は従来の教育学を「空漠」であり「実際と没交渉」であると指摘した。日本の教育学者たちは，欧米の教育学説を紹介してきたが，教育現場に寄与しておらず，日本の学校で現実に起きている教育問題から研究を発展させていく姿勢に欠けると感じていたからである。同書の刊行後，沢柳は当時の代表的教育学者たちの研究を名指しで批判していった。そして，従来の教育学とは異なる新しい教育学が必要であるとして，「教育の事実」に基づく「実際的教育学」を構築することを主張したのである。

　こうして教育学者に反省を迫るとともに，沢柳が新たな研究を遂行する主体として期待したのが現場の教師たちであった。大学時代からペスタロッチ（Johann Heinrich Pestalozzi, 1746‐1827）に理想の教師像を見出してきた沢柳は，主体性を欠いた機械のような人間に教職は務まらないと考えていた。彼が文部官僚時代に行った講演「教員ハ愉快ナル職務ナリ」では，教職は，困難が伴う分達成感が大きい職業であること，一人ひとりの創意工夫を発揮できる職業であること，家柄などにかかわらず自己の能力と取り組みの結果が正当に評価される職業であることなどを挙げ，その意義と魅力を説いた。こうした主張は，『教師論』（1905年），『教師及校長論』といった著作をはじめ，彼の残した多くの教師論で語られ，日本の教師たちを鼓舞してきた。

　『実際的教育学』の刊行後，沢柳は教育教授研究会の会長にも就任した。この研究会は東京の小学校教員を正会員として発足し，学者や専門家らが集って

第 2 部　日本教育史

毎月例会を開き，様々な教育問題に対する研究討論を繰り広げた。また，沢柳は初等教育の教師こそ「最も教師らしい教師」であると評価していた。中等教育や高等教育の教師は，学問にいかに通じているかという点に意識を向けがちであるが，それのみでは「教授者」になれても「教育者」にはなれないと考えていたからである。教職には幅広い教養に加え，児童心理に関する専門的理解，自由な職業選択などが必須であると彼はとらえており，師範学校における教師教育が不十分なことを指摘し，初等教員養成を大学レベルに引き上げるべきであるとする見解を抱いていた。

（3）成城小学校の創設

　1917（大正 6 ）年に設立された成城小学校は，沢柳の「実際的教育学」の構想に基づく実験学校の役割を担い，その研究成果を根拠に教育改革を呼びかけることを目指していた。設立に際して，①「個性尊重の教育」，②「自然と親しむ教育」，③「心情の教育」，④「科学的研究を基礎とする教育」の 4 点の教育方針が掲げられた。成城小学校では，教育問題研究会を組織して，雑誌『教育問題研究』や成城小学校研究叢書を発行した。沢柳は『教育問題研究』に毎号必ず寄稿し，教師たちの研究に関心を抱き続け，しばしばその相談役も務めていたという。

　成城小学校で実施した児童語彙調査では，学校以外のあらゆる生活場面をも含めて児童が実際に何を学んでいるのかを把握し，それに基づき何をどう教えるべきか考える必要があることを提起した。また，同校では学年発達に応じて30分，35分，40分などのように，授業の長さを変更し，教科を導入する時期についても独自に検討していた。その結果，修身科を低学年で廃止し第 4 学年から導入する，低学年には通常設置されない自然科（理科）を第 1 学年から導入する，算術を第 2 学年から導入するなど，教科課程編成上の特色ある試みが行われた。沢柳は1922（大正11）年に欧米視察から帰国すると，パーカースト（Helen Parkhurst, 1887 - 1973）が考案したドルトン・プランを紹介し，成城小学校ではその導入に関する研究も行われた。パーカストが来日した際には，成城小学校や沢柳の自宅も訪問したという。次第に成城小学校の教育を支持する

熱心な保護者も現れるようになり、同校は中学校や高等学校も擁する一大学園に発展していった。

コラム 教育の世紀社と児童の村小学校

　大正新教育において、極めて自由主義的な方針に基づいて実践を行ったと評価される学校に、池袋児童の村小学校がある。この学校は、教育の世紀社という結社の「教育精神」に基づいて設立された。発起人は、兵庫県姫路師範学校で教師教育の改革に取り組み、のちに新教育協会の会長も務めた野口援太郎、日本で最初の教育職員組合である啓明会を組織した下中弥三郎、教育ジャーナリストとして活躍した為藤五郎や志垣寛の4名であった。彼らはその「教育精神」に、児童の「天分」や「個性」の発揮、「自発活動」の尊重、「自治」による干渉の排除、「自己の尊厳」の自覚と「他の人格」の尊重などを掲げた。

　学校の設立計画は、関東大震災により一時頓挫したが、1924（大正13）年に池袋の野口の自宅を改造して開校した。開校時には、野口を校長として、志垣に加え、野村芳兵衛、平田のぶといった教師が中心となって活躍し、60名程の児童が在籍していた。教育の世紀社は、同校を「共同生活の場」として位置づけ、児童・教師・保護者が一体となって「人類相愛」「相互依存の社会」を築くことを目指した。「子供の村は子供でつくろ」という歌詞で始まる北原白秋作詞の「子供の村」が同校の校歌であった。児童には、①教師を選ぶ自由、②教材を選ぶ自由、③時間割の自由、④学習する場所の自由という四つの自由が認められていた。自由を貫く実践に取り組むなかで、葛藤を抱きつつ教師もまた成長することができると考えられていた。

　池袋に続いて、1925（大正14）年には、兵庫県に御影児童の村小学校（芦屋児童の村小学校に改称）、神奈川県に雲雀ヶ岡児童の村小学校が開校した。その財政状況は厳しく、最終的にはいずれも経営難に陥って閉校することになったが、今でも日本の学校改革の歴史にその名を残している。

引用・参考文献

赤い鳥事典編集委員会編『赤い鳥事典』柏書房、2018年。

稲垣忠彦編『日本の教師20──教師の教育研究』ぎょうせい、1993年。

第2部　日本教育史

海老原治善『現代日本教育実践史』明治図書，1975年。

遠座知恵『近代日本におけるプロジェクト・メソッドの受容』風間書房，2013年。

沖田行司編『人物で見る日本の教育』ミネルヴァ書房，2012年。

小原国芳『小原国芳自伝（1）』玉川大学出版部，1960年。

木下亀城・小原国芳『新教育の探求者――木下竹次』玉川大学出版部，1972年。

成城学園沢柳政太郎全集刊行会『沢柳政太郎全集』第1巻，国土社，1975年。

成城学園沢柳政太郎全集刊行会『沢柳政太郎全集』第6巻，国土社，1977年。

成城学園沢柳政太郎全集刊行会『沢柳政太郎全集』別巻，国土社，1979年。

長岡文雄『学習法の源流――木下竹次の学校経営』黎明書房，1984年。

中野光『大正自由教育の研究』黎明書房，1968年。

中野光『大正デモクラシーと教育――1920年代の教育』新評論，1990年。

新田義之『澤柳政太郎――随時随所楽シマザルナシ』ミネルヴァ書房，2006年。

橋本美保編『及川平治著作集』日本図書センター，2012年。

橋本美保編『大正新教育の受容史』東信堂，2018年。

橋本美保編『大正新教育の実際家』風間書房，2024年。

橋本美保・田中智志編『大正新教育の思想』東信堂，2015年。

橋本美保・田中智志編『大正新教育の実践』東信堂，2021年。

民間教育史研究会『教育の世紀社の総合的研究』一光社，1984年。

森川輝紀・小玉重夫編『教育史入門』放送大学教育振興会，2012年。

写真出所：及川平治　三先生言行録刊行会編『三人の先生』三先生言行録刊行会，1955年

木下竹次　木下亀城・小原国芳『新教育の探求者――木下竹次』玉川大学出版部，1972年

（遠座知恵）

Ⅳ　戦時下の教育・戦後教育改革

第2部　日本教育史

1　学制改革の構想と実際

　昭和戦前期は国策への子どもの動員を意図した教育が展開された時代として
知られるが，近代学校制度の定着を背景に学制改革が企図され，実施に移され
た時代でもあった。実際には戦後教育改革を経て実現した内容・項目について
も，すでに戦前期に構想が示され制度化されていたものが少なからず存在した。

　1917（大正6）年から1919（大正8）年にかけて設置された臨時教育会議は官
立単科大学や公私立大学の設置を認める答申を行い，1918（大正7）年の「大
学令」公布に結実するなど，高等教育の進展に役割を果たした。一方で，義務
教育年限のさらなる延長などの課題については答申を示すことができなかった。
こうした課題に答えを出そうとしたのが，1937（昭和12）年から1942（昭和17）
年にかけて設置された教育審議会である。

　教育審議会では，義務教育年限の延長，中等教育の一元化，師範学校改革な
ど，多岐にわたる事項について多くの時間を割いて審議が行われ，答申が出さ
れた。

　教育審議会の答申を受けて1941（昭和16）年に制定された「国民学校令」に
おいて，小学校は国民学校に改称され，それまでの初等科6年に加えて，新た
に高等科2年が義務化され，義務教育年限が8年となった。しかし，戦況の悪
化により高等科の義務制実施が延期され，義務教育年限の延長は実現しなかっ
た。

　教育審議会は，勤労青少年を対象とした定時制の教育機関である青年学校に
ついても，その義務化を答申した。これを受けて，1939（昭和14）年に「青年
学校令」が改定され，いずれも男子のみ，普通科2年，本科5年の計7年が義
務化された。国民学校高等科の義務制実施が延期されたのに対し，徴兵に向け
た予備教育として教練の比重の大きかった青年学校については，陸軍の強い意
向もあって男子のみ義務制が実施された。青年学校の普通科と国民学校の高等
科は学校体系上並立する教育機関であったが，この時点では義務教育年限の一
元化は果たされず，その実現は戦後の新制中学校の義務化に持ち越されること

194

IV　戦時下の教育・戦後教育改革

になった。

　中等教育機関は，制度上，中学校，高等女学校，実業学校の三系統に分かれて展開した。急速に中等教育の大衆化が進んだ1920年代以降，中等教育機関は広く12歳から17歳ぐらいまでの青少年を対象とした教育機関として，制度上の統合が模索されるようになった。こうした状況を背景にして，教育審議会は中等教育の一元化を大きなテーマに議論を進め，三系統を「中等学校」に一元化することを答申した。答申を受けて，従来の学校種ごとの個別の法令を廃止して，1943（昭和18）年に「中等学校令」を制定した。これにより中等教育機関は修業年限が４年の課程に統一されたが，中学校，高等女学校，実業学校が「中等学校」として統合されることはなく，三系統の学校は引き続き存続した。加えて勤労青少年を対象とした中等教育機関である青年学校との並立も解消せず，中等教育一元化の達成は戦後教育改革に持ち越されることになった。

　教育審議会は師範学校制度改革についても答申し，答申にもとづき1943（昭和18）年に「師範教育令」が改正され，専門学校同様，入学資格を中等学校卒業に改め，修業年限を３年とした。従来師範学校は高等小学校卒業者を対象とした本科第一部（修業年限５年）と，中等学校卒業者を対象とした本科第二部（修業年限２年）を設けて小学校教員の養成を行っていたが，低い水準に抑えられた教員給与など待遇の問題もあって志願者の減少に悩まされていた。改正を機に，師範学校は専門学校程度の官立（国立）の教育機関となった。

2　総力戦体制下の教育

　昭和戦前期の日本では，世界恐慌に伴う社会の混乱，その後の満州事変をきっかけとして軍部の台頭がみられた。軍部の台頭は，思想・言論の自由に対する圧力を強める結果を招いた。1935（昭和10）年には，天皇は憲法にしたがって統治権を行使する国家の最高機関であるとする美濃部達吉（1873-1948）の天皇機関説が，国の主権，統治権は天皇にあるとする国体に反しているとし，政治問題化した。政府は，それまで憲法の解釈としてひろく認められてきた天皇機関説を誤りとする国体明徴声明を出すことで，事態の収拾を図った。これ

195

第2部　日本教育史

以降，社会主義や共産主義のみならず，自由主義や民主主義にも強い弾圧が加えられるようになり，ファシズムへの傾斜が一層強まることとなった。

　天皇機関説問題に端を発した国体明徴の流れをうけて，文部省は1935（昭和10）年10月，文部大臣の諮問機関として教学刷新評議会を設置し，教学（教育と学問），政治，祭祀（神々や天皇の祖先を祭ること）は一体であるとする答申を出した。さらに文部省は，1937（昭和12）年には，国体の尊厳，君臣の大義を説き，天皇への忠誠こそが教育の根本であるとした『国体の本義』を刊行・配布し，児童・生徒の国体観念の形成に努めた。このように天皇を中心とした家族主義国家観にもとづく国民教化の手段として教育が大きな役割を担うこととなった。

　1937（昭和12）年に日中戦争が始まると，政府は挙国一致・尽忠報国・堅忍持久をスローガンに掲げ日本精神高揚を図る国民精神総動員運動を展開し，国民を準戦時体制へと動員した。その後1939（昭和14）年には，「文ヲ修メ武ヲ練リ質実剛健ノ気風ヲ振励シ以テ負荷ノ大任ヲ全クセムコトヲ期セヨ」という文言で締め括られる，「青少年学徒ニ賜ハリタル勅語」が出され，学生，生徒を戦争へと動員する意思が示された。

　先述したように，1937（昭和12）年に発足した教育審議会の答申をうけて，1941（昭和16）年に「国民学校令」が公布され，小学校は国民学校と改称された。「国民学校令」第1条には，「国民学校ハ皇国ノ道ニ則リテ初等普通教育ヲ施シ皇国民ノ基礎的錬成ヲ為スヲ以テ目的トス」と述べられており，初等教育の目的が皇国民（天皇が統治する国の民）を錬成（錬磨育成）することにあることが示されている。

　国民学校の教育内容の特徴として，大正新教育の成果が反映されていることが挙げられる。教科は国民科（修身，国語，国史，地理），理数科（算数，理科），体錬科（体操，武道），芸能科（音楽，習字，図画，工作，裁縫など），実業科（高等科のみ）の5つに統合（合科）され，理科における実験や観察の尊重，修身における生活題材の活用など，子どもの自発性を尊重する教育方法が示されている。しかしこうした新しい試みも，子どもを国策に動員する目的で利用されたという事実を忘れてはならない。

IV　戦時下の教育・戦後教育改革

アジア・太平洋戦争（太平洋戦争）の戦況の悪化に伴い，国策である戦争に子ども，青少年を動員する姿勢が強められていった。1943（昭和18）年 6 月に「学徒戦時動員体制確立要綱」が閣議決定され，中等・高等教育機関の生徒・学生の軍需工場への動員が本格化した。同年10月には在学中の徴兵延期が停止され，理工系を除く徴兵年齢に達した男子学生・生徒が軍に入営・入団する，いわゆる学徒出陣の措置が取られた。さらに同年12月に「都市疎開実施要項」が閣議決定されると，学童や高齢者は都市防空の妨げになるとして，身寄りをたどっての縁故疎開が勧められるようになった。しかし，縁故疎開は予定通りには進まず，1944（昭和19）年 6 月に「学童疎開促進要綱」が閣議決定され，縁故疎開先のない東京都区部と国内12都市の国民学校初等科 3 ～ 6 年生約40万人が，集団疎開を強いられた。食糧事情に象徴されるように疎開先の環境は劣悪で，子どもの健やかな生活を保障することは到底不可能であった。1945（昭和20）年 3 月の閣議決定「決戦教育措置要綱」により，国民学校初等科を除くすべての学校の授業が原則として停止され，国民学校初等科生を除く全学徒が国策である戦争に動員されることになった。

3　戦後教育改革

（1）軍国主義教育の解体

1941（昭和16）年12月の開戦以降，内外に子どもを含む多くの犠牲者を出したアジア・太平洋戦争（太平洋戦争）は，1945（昭和20）年 8 月14日に連合国へのポツダム宣言受諾の通告，15日に国民への終戦の発表，9 月 2 日に降伏文書への署名が行われ，日本の敗戦で終結した。

敗戦を機に，日本の教育は大きな転換を遂げた。子どもを戦争に動員するに至った従来の教育に対する教育当事者の深い反省と，自由で民主的な教育を求める国民の熱意がその背景にあったことは論を俟たない。

1945（昭和20）年 9 月に文部大臣前田多門（1884 - 1962）は「新日本建設ノ教育方針」を発表した。「方針」では「軍国的思想及施策ヲ払拭シ平和国家ノ建設」に努めると述べる一方で，「益々国体ノ護持ニ努ムル」すなわち天皇制の

197

第2部　日本教育史

維持に努めることが表明されるなど，従来の国家体制を批判的に捉える姿勢は
あまりみられなかった。

　「方針」にもとづいてまず取り組まれたのが，教科書の墨塗りであった。省
略，削除の対象とされたのが，国防軍備，戦意高揚，国際和親妨害などに関す
る教材であり，教師たちが教室で子どもたちに該当する箇所に墨を塗るように
命じた。教科書は最も大切な書物だと教えられてきた子どもたちは，どのよう
な気持ちで墨を塗ったのであろうか。

　日本はポツダム宣言にもとづいて連合国に占領されたが，アメリカ軍による
事実上の単独占領で，連合国軍最高司令官総司令部（GHQ／SCAP）の指令・
勧告にもとづいて日本政府が政治を行う間接統治の方法がとられた。教育政策
については，GHQの民間情報教育局（CIE）が対応にあたった。

　当初 GHQ は日本政府の対応を静観していたが，教育の民主化政策が不徹底
と判断するや，1945（昭和20）年10～12月にかけて，日本政府にいわゆる教育
に関する四大指令を出し，教育の民主化の徹底を指示した。四大指令とは，
「日本教育制度ニ対スル管理政策」「教員及ビ教育関係官ノ調査，除外，認可ニ
関スル件」「国家神道，神社神道ニ対スル政府ノ保証，支援，保全，監督並ニ
弘布ノ廃止」「修身，日本歴史及ビ地理停止ニ関スル件」を指す。これらの指
令により，教育内容から軍国主義的・超国家主義的イデオロギーを排除し，軍
事的教科や教練を禁止すること，軍国主義を鼓吹する教員・教育関係者を罷免
すること，教育課程や教科書等を再検討し改訂することが指示された。とりわ
け「修身，日本歴史及ビ地理停止ニ関スル件」では，修身，日本歴史，地理を
直ちに中止し，教科書を回収すること，文部省が発したこれらの教科に関する
法令・訓令を直ちに停止すること，これらの教科の教科書および教師用書の改
訂計画案を立てて GHQ に提出し，許可を受けることを要求した。要求を受け
て，新しい教科書が編纂されるまでの間，修身，日本歴史，地理の授業が停止
された。その後，修身は廃止され，日本歴史と地理は1947（昭和22）年4月に
新設された社会科に組み込まれた。

（2）教育基本法の制定

　連合国軍最高司令官マッカーサー（*Douglas MacArthur* 1880 - 1964）の要請により，1946（昭和21）年3月に教育の専門家27名からなる第1次アメリカ教育使節団が来日した。使節団は1ヶ月にわたって日本の教育事情について調査を行い，「アメリカ教育使節団報告書」を取りまとめて教育制度の改革方針を示した。「報告書」では，個人の尊重と個性の発達を主体とする教育，教育における自由（教科書検定制や社会科の採用），公選制教育委員会制度の導入，教育の機会均等（単線型の6・3・3制の学校体系，男女共学，義務教育年限の延長），教育方法における画一主義の打破，成人教育の拡充，高等教育の開放などを勧告した。「報告書」の取りまとめに際しては，委員長である南原 繁（1889 - 1974）東京帝国大学総長をはじめとする29名からなる日本側教育家委員会の協力があった。日本側教育家委員会は使節団の来日に際して教育改革意見の大綱をまとめていたが，使節団が勧告した単線型の6・3・3制の学校体系などは，大綱に示された日本側教育家委員会の提言を勧告に取り入れたものであった。

　日本側教育家委員会を前身とする教育刷新委員会が1946（昭和21）年8月に内閣総理大臣の諮問機関として発足した。教育刷新委員会は「アメリカ教育使節団報告書」をもとに戦後教育改革の理念や内容を審議し，教育勅語に代わる「教育基本法」の素案を建議した。文部省での素案の成文化，国会での審議を経て，1947（昭和22）年3月に「教育基本法」が公布，施行された。

　「教育基本法」は，国民一人ひとりの人格の完成を目指して教育が行われるとする戦後教育の基本方針を示すとともに，教育の目的が民主主義・平和主義国家を担う国民の育成にあることを宣言した。また「教育基本法」の成立により，教育に関する主たる法規が国民の代表者である国会議員による審議を経て法律として出される原則，いわゆる教育立法の法律主義の原則が確立した。

　「教育基本法」に先んじて1946（昭和21）年11月に公布（翌年の5月に施行）された「日本国憲法」は，その第26条で「すべて国民は，法律の定めるところによりその能力に応じて，ひとしく教育を受ける権利を有する」と教育を受ける権利を国民が有することを宣言するとともに，その権利を保障するために義

第2部　日本教育史

務教育が存在することを「すべて国民は，法律の定めるところにより，その保護する子女に普通教育を受けさせる義務を負ふ。義務教育は，これを無償とする」と明言した。「日本国憲法」の理念にもとづき，「教育基本法」第2条と第3条では教育の機会均等の原則，第4条では9年制義務教育の無償制の原則，第5条では男女共学の原則が規定された。

「教育基本法」第10条では，「教育は，不当な支配に服することなく，国民全体に対し直接に責任を負って行われるべきもの」だという「自覚のもとに，教育の目的を遂行するに必要な諸条件の整備確立を目標として行われなければならない」と，国民に直接責任を負って行われる教育行政のあり方を明示した。第10条の趣旨にもとづき，1948（昭和23）年に「教育委員会法」が公布，施行され，教育に関する住民の意思が直接に地方教育行政に反映される教育委員の公選制が実施された。

「教育基本法」制定後も教育勅語の扱いはあいまいなままであったが，1948（昭和23）年6月に教育勅語等の排除（衆院）・失効確認（参院）の決議が国会でなされ，教育勅語の失効が確認された。

（3）新学制の発足

戦後教育改革により「機会均等」を理念とする単線型の学校体系が成立した。単線型の学校体系を規定した学校教育制度の基本を定めた法律が「学校教育法」である。「学校教育法」は1947（昭和22）年3月に公布，4月に施行された。「学校教育法」によって6・3・3・4制（小学校6年，中学校3年，高等学校3年，大学4年）の単線型の新学制が発足し，従来の「国民学校令」「中等学校令」などが廃止された。「学校教育法」は「教育基本法」と同時に制定されたが，「教育基本法」第6条に「法律に定める学校は，公の性質をもつものであって」とある。ここにいう「法律」とは「学校教育法」を指し，公教育制度としての学校制度の根本法が「学校教育法」であることを示している。

「学校教育法」の制定により従来と大きく変化したのは中等教育機関である。1947（昭和22）年4月に前期中等教育機関である新制中学校が，義務・無償制，修業年限3年，小学校に接続する唯一の学校（盲・聾・養護学校を除く），男

女共学の教育機関として発足した。複線型であった青年期教育の一元化と義務教育年限の延長は戦前から積み残された課題であった。新制中学校の発足によりこれらの課題が克服されたが，その背景には，中等教育の機会均等を求める青年学校関係者の運動が存在した。また新制中学校の多くは母体なく新設され，その建設費用が地域住民に課された。このように，多くの人々の努力が背景にあって新制中学校は誕生した。なお，盲・聾学校の義務制は1948（昭和23）年，養護学校の義務制は1979（昭和54）年にずれ込んで実施された。

　一方，1948（昭和23）年4月に後期中等教育機関である新制高等学校が，中学校卒業を入学資格とし，修業年限は全日制課程で3年，定時制および通信制課程で3年以上の教育機関として発足した。新制高校の多くは旧制の中等学校（中学校や高等女学校，実業学校など）を転換して発足した。発足後まもなく新制高校の大規模な統廃合が行われた。その際に重視されたのが，のちに「高校三原則」と呼ばれた，総合制，学区制，男女共学の原則である。このうち，総合制は普通課程と職業課程を併置すること，学区制は1つの学区に1つの高校を設置して学区の生徒を受け入れることであり，男女共学の原則と併せて，後期中等教育の機会均等の実現を目指した。

　新学制により，高等教育機関は「大学」に一元化された。1945（昭和20）年12月に「女子教育刷新要綱」が閣議諒解され，1946（昭和21）年度より大学における男女共学が拡大したが，新学制の実施によりその徹底が図られた。

　幼稚園は「学校教育法」により学校として位置づけられたが，文部省と厚生省の調整がつかず保育の一元化は見送られ，1947（昭和22）年制定の「児童福祉法」により保育所が児童福祉施設として制度化された。

引用・参考文献

大田堯編著『戦後日本教育史』岩波書店，1978年。

海後宗臣監修『日本近代教育史事典』平凡社，1971年。

久保義三ほか編著『現代教育史事典』東京書籍，2001年。

国立教育研究所『日本近代教育百年史』第5巻，教育研究振興会，1974年。

寺崎昌男・戦時下教育研究会編『総力戦体制と教育——皇国民「練成」の理念と実践』東京大学出版会，1987年。

第 2 部　日本教育史

古沢常雄，米田俊彦編著『教育史』学文社，2009年。

山田恵吾・貝塚茂樹編著『教育史からみる学校・教師・人間像』梓出版社，2005年。

（軽部勝一郎）

資料編

西洋教育史年表

西暦	教育の動向	社会の動向
紀元前 400前後 387頃 335頃 334	ソクラテスの産婆術 プラトンによるアカデメイア設立 アリストテレスによるリュケイオン設立	【古代ギリシア】ポリスの繁栄と没落 アレクサンドロスの東征
44 27	この頃，キケロが活躍	【古代ローマ】 ユリウス・カエサルの暗殺 帝政へ移行
紀元 30頃 95頃 96	クウィンテリアヌス『弁論家の教育』	イエスの処刑 五賢帝時代が開始
395 476	この頃，七自由科の成立	ローマ帝国の分裂 西ローマ帝国の滅亡
1096		第1回十字軍（～1099）
12C頃	ボローニャやパリなどに大学が成立	
15C中葉		印刷術の発明
1509 1517 1520 1524 1529 1530 1532 1534 1580	エラスムス『痴愚神礼賛』 ルター「キリスト教貴族に与う」 ルター「市参事会員に宛てる」 エラスムス『幼児教育論』 ルター「学校へやるべきであるという説教」 ラブレー『パンタグリュエル物語』 ラブレー『ガルガンチュア物語』 モンテーニュ『エセー』	ルター：95箇条の提題
1618 1642 1657 1658 1688 1690 1693	コメニウス『大教授学』 コメニウス『世界図絵』 ロック『人間知性論』 ロック『教育に関する考察』	独など：三十年戦争開始 英：ピューリタン革命（～1649） 英：名誉革命（～1689）
1762 1776 1780	ルソー『エミール』 ペスタロッチ『隠者の夕暮れ』	米：独立宣言

		資料編
1781	ペスタロッチ『リーンハルトとゲルトルート』1巻	
1789		フランス革命開始
1792	仏：立法議会に「コンドルセ報告」提出	
1799	ペスタロッチ『シュタンツ便り』	ナポレオンによるクーデター
1800前後	ベルとランカスターがモニトリアル（助教生）方式での授業を開始	
1801	ペスタロッチ『ゲルトルート児童教育法』	
1802	英：工場法制定	
1803	カント『教育学講義』	
1806	ヘルバルト『一般教育学』	
1816	オーエン『新社会観―性格形成論』	
1825	ペスタロッチ『白鳥の歌』	
1826	フレーベル『人間の教育』	
1833	英：工場法改正	
1835	ヘルバルト『教育学講義綱要』	
1837	ホーレス・マン，マサチューセッツ州教育長に就任	
1844	フレーベル『母の歌と愛撫の歌』	
1848		仏：二月革命→独，オーストリア：三月革命
1852	マサチューセッツ州義務教育法	仏：第二帝政（ナポレオン3世）
1861		米：南北戦争（～1865）
1867	マルクス『資本論』第一巻	
1870	英：初等教育法（フォスター法）	普仏戦争（～1871）
1871		ドイツ帝国成立
1876	英：就学義務制の確立	
1886	仏：初等教育組織法	
1889	レディ，アボッツホルムの学校を開設	
1896	デューイ，シカゴ実験室学校を開校	
1898	ドモラン，ロッシュの学校を開設	
	リーツ，田園教育舎をイルゼンブルクに開設	
1899	デューイ『学校と社会』	
1900	エレン・ケイ『児童の世紀』	
1902	デュルケーム「道徳教育」講義（～1903）	
1907	モンテッソーリ「子どもの家」を開設	
1910	ケルシェンシュタイナー『公民教育の概念』	
1914		第一次世界大戦（～1918）
1915	クルプスカヤ『国民教育と民主主義』	
1916	デューイ『民主主義と教育』	
1917		露：二月革命，十月革命
1918	英：フィッシャー法（14歳までの就学義務）	ドイツ革命
1919	シュタイナー講義「教育の基礎としての一般人間学」	ヴェルサイユ条約，ドイツ

205

		国憲法(ヴァイマール憲法)の制定
1920		国際連盟設立
1921	ニール，サマーヒル学園を開設 シュプランガー『生の形式』	
1922	デュルケーム『教育と社会学』	
1925	マカレンコ『教育詩』（～1935）	
1933		独：ナチスが政権掌握
1939		第二次世界大戦開始
1945		第二次世界大戦終結，国際連合発足
1957		スプートニクショック
1959	ボルノウ『実存哲学と教育学』	
1960	ブルーナー『教育の過程』	
1962		キューバ危機
1965	ラングラン「生涯教育について」をユネスコ成人教育国際委員会にて提案	
1970	イリイチ『脱学校の社会』	
1973		米：ベトナム戦争から撤退
1975	フーコー『監視と処罰——監獄の誕生』	
1989		独：「ベルリンの壁」崩壊
1991		露：ソ連解体
2001		米：同時多発テロ
2020		新型コロナウイルスの世界的流行

（石村華代）

資 料 編

日本教育史年表

年　　代		教育の動向	社会の動向
701	大宝元	大宝律令が成立し大学寮，国学が規定される	
710	和銅3		平城京に遷都
771	宝亀2	この頃，石上宅嗣，芸亭を開設	
794	延暦13		平安京に遷都
821	弘仁12	藤原冬嗣，勧学院を設立	
828	天長5	空海，綜芸種智院を設立	
894	寛平6		遣唐使の派遣を中止
1192	建久3		源頼朝，征夷大将軍となる
1275	建治元	この頃，北条実時，金沢文庫を開設	
1333	元弘3		鎌倉幕府滅亡
1432	永享4	この頃，上杉憲実，足利学校を再興	
1573	天正元		室町幕府滅亡
1580	8	有馬，安土にセミナリオ開設	
1581	9	豊後府内にコレジオ開設	
1603	慶長8		徳川家康，征夷大将軍となる
1630	寛永7	林羅山，上野忍岡に家塾を開設	
1710	宝永7	貝原益軒『和俗童子訓』	
1729	享保14	石田梅岩，心学を開講	
1790	寛政2	寛政異学の禁	
1797	寛政9	幕府，林家の家塾を官学に改め，昌平坂学問所とする	
1817	文化14	広瀬淡窓，家塾に咸宜園と名づける	
1838	天保9	緒方洪庵，大坂に適塾を開設	
1856	安政3	吉田松陰，松下村塾を主宰	
1866	慶応2	福沢諭吉『西洋事情』初編	
1867	3	福沢諭吉，家塾に慶応義塾と名づける	王政復古の大号令
1868	4		五箇条の誓文
1869	明治2		版籍奉還
1871	4	文部省設置	廃藩置県
1872	5	福沢諭吉『学問のすゝめ』初編 「学制」公布	
1873	6	明六社発足	
1877	10	東京大学開設	西南戦争
1879	12	「教学聖旨」示される 「教育令」公布	
1880	13	「教育令」改正（第2次教育令）	集会条例
1882	15	「幼学綱要」下賜	
1885	18	「教育令」改正（第3次教育令）	

1886	19	内閣制度が発足し，森有礼が文部大臣に就任 学校令（「帝国大学令」「小学校令」「中学校令」 「師範学校令」）公布	
1889	22	森有礼遭難	「大日本帝国憲法」発布
1890	23	第2次小学校令公布 教育勅語発布	
1894	27	「高等学校令」公布	日清戦争（～1895）
1899	32	「実業学校令」「高等女学校令」「私立学校令」 公布 樋口勘次郎『統合主義新教授法』	
1900	33	第3次小学校令が公布され，尋常小学校4年間 の義務教育が確立	
1903	36	「専門学校令」公布 国定教科書制度成立	
1904	37		日露戦争（～1905）
1907	40	義務教育年限を6年に延長（翌年4月に実施）	
1908	41	「戊申詔書」発布	
1909	42	澤柳政太郎『実際的教育学』	
1912	45	西山哲治により帝国幼稚園・小学校が，中村春 二により成蹊実務学校が開設される	
	大正元	及川平治『分団式動的教育法』	
1914	3	京大沢柳事件	第一次世界大戦（～1918）
1917	6	沢柳政太郎，成城小学校を開設 臨時教育会議設置	ロシア革命
1918	7	鈴木三重吉，『赤い鳥』を創刊 「大学令」公布	米騒動起こる
1921	10	八大教育主張講演会	
1923	12	木下竹次『学習原論』	関東大震災
1924	13	野口援太郎，池袋に児童の村小学校を開設 赤井米吉，明星学園を開設	
1929	昭和4	小原国芳，玉川学園を開設	世界恐慌
1931	昭和6		満州事変
1933	8	京大滝川事件	
1935	10	「青年学校令」公布	
1937	12	文部省編『国体の本義』 教育審議会設置	国民精神総動員運動
1939	14	「青少年学徒ニ賜ハリタル勅語」下付	第二次世界大戦（～1945）
1940	15	「義務教育費国庫負担法」公布	
1941	16	「国民学校令」公布 文部省教学局編『臣民の道』	アジア・太平洋戦争（～1945）
1945	20	GHQが教育に関する四大指令を提示	ポツダム宣言受諾
1946	21	第1次米国教育使節団来日	「日本国憲法」公布（翌年 5月に施行）

1947	22	「教育基本法」「学校教育法」公布	
1951	26	無着成恭編『山びこ学校』	サンフランシスコ平和条約調印
1957	32		ソビエト連邦が人工衛星の打ち上げに史上初めて成功（スプートニクショック）
1958	33	「小学校学習指導要領」「中学校学習指導要領」告示	
1960	35	「高等学校学習指導要領」告示	
1966	41	中央教育審議会「後期中等教育の拡充整備について」を答申（別記として「期待される人間像」を添付）	
1984	59	「臨時教育審議会設置法」公布 臨時教育審議会初総会	
1987	62	臨時教育審議会「教育改革に関する第四次答申」	
1990	平成2	国連「子どもの権利に関する条約」発効（日本は1994年に批准）	
1991	3		ソ連解体（東西冷戦の終結）
2001	13	中央省庁の再編により文部科学省が発足	
2006	18	「教育基本法」改正	

（軽部勝一郎）

資料

学制序文
（学事奨励に関する被仰出書）

人々自ら其身を立て其産を治め其業を昌にして以て其生を遂るゆえんのものは他なし身を修め智を開き才芸を長ずるによるなり　而て其身を修め智を開き才芸を長ずるは学にあらざれば能わず　是れ学校の設あるゆえんにして日用常行言語書算を初め士官農商百工技芸及び法律政治天文医療等に至る迄凡人の営むところの事学あらざるはなし　人能く其才のある所に応じ勉励して之に従事ししかして後初て生を治め産を興し業を昌にするを得べし　されば学問は身を立るの財本ともいうべきものにして人たるもの誰か学ばずして可ならんや　夫の道路に迷ひ飢餓に陥り家を破り身を喪の徒の如きは畢竟不学よりしてかかる過ちを生ずるなり　従来学校の設ありてより年を歴ること久しといえども或は其道を得ざるよりして人其方向を誤り学問は士人以上の事とし農工商及婦女子に至っては之を度外におき学問の何物たるを弁ぜず又士人以上の稀に学ぶ者も動もすれは国家の為にすと唱え身を立るの基たるを知らずして或は詞章記誦の末に趨り空理虚談の途に陥り其論高尚に似たりといえども之を身に行い事に施すこと能わざるもの少からず　是すなわち沿襲の習弊にして文明普からず才芸の長ぜずして貧乏破産喪家の徒多きゆえんなり是故に人たるものは学ばずんばあるべからず　之を学ぶには宜しく其旨を誤るべからず　之に依て今般文部省に於て学制を定め追々教則をも改正し布告に及ぶべきにつき自今以後一般の人民華士族農工商及婦女子必す邑に不学の戸なく家に不学の人なからしめん事を期す　人の父兄たるもの宜しく此意を体認し其愛育の情を厚くし其子弟をして必ず学に従事せしめざるべからざるものなり　高上の学に至ては其人の材能に任かすといえども幼童の子弟は男女の別なく小学に従事せしめざるものは其父兄の越度たるべき事

但従来沿襲の弊学問は士人以上の事とし国家の為にすと唱うるを以て学費及其衣食の用に至る迄多く官に依頼し之を給するに非ざれば学ばざる事と思ひ一生を自棄するもの少からず　是皆惑えるの甚しきもの也自今以後此等の弊を改め一般の人民他事を抛ち自ら奮て必ず学に従事せしむべき様心得べき事

右之通被仰出候条地方官に於て辺隅小民に至る迄不洩様便宜解釈を加え精細申論文部省規則に随い学問普及致候様方法を設可施行事

　明治五年壬申七月　　　　　　太政官

教育に関する勅語
（教育勅語）

朕惟フニ我カ皇祖皇宗国ヲ肇ムルコト宏遠ニ徳ヲ樹ツルコト深厚ナリ我カ臣民克ク忠ニ克ク孝ニ億兆心ヲ一ニシテ世々厥ノ美ヲ

済セルハ此レ我カ国体ノ精華ニシテ教育ノ淵源亦実ニ此ニ存ス爾臣民父母ニ孝ニ兄弟ニ友ニ夫婦相和シ朋友相信シ恭倹己レヲ持シ博愛衆ニ及ホシ学ヲ修メ業ヲ習ヒ以テ智能ヲ啓發シ徳器ヲ成就シ進テ公益ヲ広メ世務ヲ開キ常ニ国憲ヲ重シ国法ニ遵ヒ一旦緩急アレハ義勇公ニ奉シ以テ天壌無窮ノ皇運ヲ扶翼スヘシ是ノ如キハ独リ朕カ忠良ノ臣民タルノミナラス又以テ爾祖先ノ遺風ヲ顕彰スルニ足ラン

斯ノ道ハ実ニ我カ皇祖皇宗ノ遺訓ニシテ子孫臣民ノ倶ニ遵守スヘキ所之ヲ古今ニ通シテ謬ラス之ヲ中外ニ施シテ悖ラス朕爾臣民ト倶ニ拳々服膺シテ咸其徳ヲ一ニセンコトヲ庶幾フ

明治二十三年十月三十日

御名御璽

日本国憲法（抄）
（昭和21年11月3日制定）

第23条 学問の自由は、これを保障する。

第26条 すべて国民は、法律の定めるところにより、その能力に応じて、ひとしく教育を受ける権利を有する。

② すべて国民は、法律の定めるところにより、その保護する子女に普通教育を受けさせる義務を負ふ。義務教育は、これを無償とする。

教育基本法
（平成18年法律第120号）

教育基本法（昭和22年法律第25号）の全部を改正する。

前文

我々日本国民は、たゆまぬ努力によって築いてきた民主的で文化的な国家を更に発展させるとともに、世界の平和と人類の福祉の向上に貢献することを願うものである。我々は、この理想を実現するため、個人の尊厳を重んじ、真理と正義を希求し、公共の精神を尊び、豊かな人間性と創造性を備えた人間の育成を期するとともに、伝統を継承し、新しい文化の創造を目指す教育を推進する。ここに、我々は、日本国憲法の精神にのっとり、我が国の未来を切り拓く教育の基本を確立し、その振興を図るため、この法律を制定する。

第1章 教育の目的及び理念
（教育の目的）

第1条 教育は、人格の完成を目指し、平和で民主的な国家及び社会の形成者として必要な資質を備えた心身ともに健康な国民の育成を期して行われなければならない。

（教育の目標）

第2条 教育は、その目的を実現するため、学問の自由を尊重しつつ、次に掲げる目標を達成するよう行われるものとする。

一 幅広い知識と教養を身に付け、真理を求める態度を養い、豊かな情操と道徳心を培うとともに、健やかな身体を養うこと。

二 個人の価値を尊重して、その能力を伸ばし、創造性を培い、自主及び自律の精神を養うとともに、職業及び生活との関連を重視し、勤労を重んずる態度を養うこと。

三 正義と責任、男女の平等、自他の敬愛と協力を重んずるとともに、公共の精神に基づき、主体的に社会の形成に参画し、

その発展に寄与する態度を養うこと。

四　生命を尊び，自然を大切にし，環境の
　保全に寄与する態度を養うこと。

五　伝統と文化を尊重し，それらをはぐく
　んできた我が国と郷土を愛するとともに，
　他国を尊重し，国際社会の平和と発展に
　寄与する態度を養うこと。

（生涯学習の理念）

第3条　国民一人一人が，自己の人格を磨
き，豊かな人生を送ることができるよう，
その生涯にわたって，あらゆる機会に，あ
らゆる場所において学習することができ，
その成果を適切に生かすことのできる社会
の実現が図られなければならない。

（教育の機会均等）

第4条　すべて国民は，ひとしく，その能
力に応じた教育を受ける機会を与えられな
ければならず，人種，信条，性別，社会的
身分，経済的地位又は門地によって，教育
上差別されない。

2　国及び地方公共団体は，障害のある者
が，その障害の状態に応じ，十分な教育を
受けられるよう，教育上必要な支援を講じ
なければならない。

3　国及び地方公共団体は，能力があるに
もかかわらず，経済的理由によって修学が
困難な者に対して，奨学の措置を講じなけ
ればならない。

　　第2章　教育の実施に関する基本

（義務教育）

第5条　国民は，その保護する子に，別に
法律で定めるところにより，普通教育を受
けさせる義務を負う。

2　義務教育として行われる普通教育は，
各個人の有する能力を伸ばしつつ社会にお
いて自立的に生きる基礎を培い，また，国

家及び社会の形成者として必要とされる基
本的な資質を養うことを目的として行われ
るものとする。

3　国及び地方公共団体は，義務教育の機
会を保障し，その水準を確保するため，適
切な役割分担及び相互の協力の下，その実
施に責任を負う。

4　国又は地方公共団体の設置する学校に
おける義務教育については，授業料を徴収
しない。

（学校教育）

第6条　法律に定める学校は，公の性質を
有するものであって，国，地方公共団体及
び法律に定める法人のみが，これを設置す
ることができる。

2　前項の学校においては，教育の目標が
達成されるよう，教育を受ける者の心身の
発達に応じて，体系的な教育が組織的に行
われなければならない。この場合において，
教育を受ける者が，学校生活を営む上で必
要な規律を重んずるとともに，自ら進んで
学習に取り組む意欲を高めることを重視し
て行われなければならない。

（大学）

第7条　大学は，学術の中心として，高い
教養と専門的能力を培うとともに，深く真
理を探究して新たな知見を創造し，これら
の成果を広く社会に提供することにより，
社会の発展に寄与するものとする。

2　大学については，自主性，自律性その
他の大学における教育及び研究の特性が尊
重されなければならない。

（私立学校）

第8条　私立学校の有する公の性質及び学
校教育において果たす重要な役割にかんが
み，国及び地方公共団体は，その自主性を

尊重しつつ，助成その他の適当な方法によって私立学校教育の振興に努めなければならない。

（教員）

第9条 法律に定める学校の教員は，自己の崇高な使命を深く自覚し，絶えず研究と修養に励み，その職責の遂行に努めなければならない。

2 前項の教員については，その使命と職責の重要性にかんがみ，その身分は尊重され，待遇の適正が期せられるとともに，養成と研修の充実が図られなければならない。

（家庭教育）

第10条 父母その他の保護者は，子の教育について第一義的責任を有するものであって，生活のために必要な習慣を身に付けさせるとともに，自立心を育成し，心身の調和のとれた発達を図るよう努めるものとする。

2 国及び地方公共団体は，家庭教育の自主性を尊重しつつ，保護者に対する学習の機会及び情報の提供その他の家庭教育を支援するために必要な施策を講ずるよう努めなければならない。

（幼児期の教育）

第11条 幼児期の教育は，生涯にわたる人格形成の基礎を培う重要なものであることにかんがみ，国及び地方公共団体は，幼児の健やかな成長に資する良好な環境の整備その他適当な方法によって，その振興に努めなければならない。

（社会教育）

第12条 個人の要望や社会の要請にこたえ，社会において行われる教育は，国及び地方公共団体によって奨励されなければならない。

2 国及び地方公共団体は，図書館，博物館，公民館その他の社会教育施設の設置，学校の施設の利用，学習の機会及び情報の提供その他の適当な方法によって社会教育の振興に努めなければならない。

（学校，家庭及び地域住民等の相互の連携協力）

第13条 学校，家庭及び地域住民その他の関係者は，教育におけるそれぞれの役割と責任を自覚するとともに，相互の連携及び協力に努めるものとする。

（政治教育）

第14条 良識ある公民として必要な政治的教養は，教育上尊重されなければならない。

2 法律に定める学校は，特定の政党を支持し，又はこれに反対するための政治教育その他政治的活動をしてはならない。

（宗教教育）

第15条 宗教に関する寛容の態度，宗教に関する一般的な教養及び宗教の社会生活における地位は，教育上尊重されなければならない。

2 国及び地方公共団体が設置する学校は，特定の宗教のための宗教教育その他宗教的活動をしてはならない。

第3章 教育行政

（教育行政）

第16条 教育は，不当な支配に服することなく，この法律及び他の法律の定めるところにより行われるべきものであり，教育行政は，国と地方公共団体との適切な役割分担及び相互の協力の下，公正かつ適正に行われなければならない。

2 国は，全国的な教育の機会均等と教育水準の維持向上を図るため，教育に関する施策を総合的に策定し，実施しなければな

らない。

3　地方公共団体は，その地域における教育の振興を図るため，その実情に応じた教育に関する施策を策定し，実施しなければならない。

4　国及び地方公共団体は，教育が円滑かつ継続的に実施されるよう，必要な財政上の措置を講じなければならない。

（教育振興基本計画）

第17条　政府は，教育の振興に関する施策の総合的かつ計画的な推進を図るため，教育の振興に関する施策についての基本的な方針及び講ずべき施策その他必要な事項について，基本的な計画を定め，これを国会に報告するとともに，公表しなければならない。

2　地方公共団体は，前項の計画を参酌し，

その地域の実情に応じ，当該地方公共団体における教育の振興のための施策に関する基本的な計画を定めるよう努めなければならない。

第4章　法令の制定

第18条　この法律に規定する諸条項を実施するため，必要な法令が制定されなければならない。

附則については省略

巻末資料出典

①学制序文…『学制百年史』資料編，帝国地方行政学会，1972年。

②教育勅語…『学制百年史』資料編，帝国地方行政学会，1972年。

人名索引

ア 行

赤井米吉（1887〜1974）　*181*

アリストテレス（Ἀριστοτέλης 前384〜前322）
10, 32

アルチュセール（Louis Althusser 1918〜1990）
130

板倉聖宣（1930〜2018）　*121*

伊藤仁斎（1627〜1705）　*143*

伊藤博文（1841〜1909）　*166, 167, 168, 170*

井上毅（1843〜1895）　*172, 175*

イリイチ（Ivan Illich 1926〜2002）　*125-129*

ヴィーヴェス（Juaw Luis Vives 1492〜1540）
23

内田正雄（1839〜1876）　*163*

榎本武揚（1836〜1908）　*172*

エマソン（Ralph Waldo Emerson 1803〜1882）
95

エラスムス（Desiderius Erasmus Roterodamus
1466〜1536）　*22, 23, 24*

エリザベス1世（Elizabeth Ⅰ 1533〜1603）
31

及川平治（1875〜1939）　*181, 182-184*

オーエン（Robert Owen 1771〜1858）　*44-45*

大村はま（1906〜2005）　*122*

緒方洪庵（1810〜1863）　*159*

小原国芳（1887〜1977）　*181*

オルコット（Amos Bronson Alcott 1799〜1888）
95

カ 行

貝原益軒（1630〜1714）　*146-148*

片上伸（1884〜1928）　*181*

加藤弘之（1836〜1916）　*169, 170*

金子晴勇（1932〜）　*27*

河津祐之（1849〜1894）　*163*

カント（Immanuel Kant 1724〜1804）　*51-55,
61, 74*

キケロ（Marcus Tullius Cicero　前106〜前43）
12

北沢種一（1880〜1931）　*181*

北原白秋（1885〜1942）　*181, 191*

木戸孝允（1833〜1877）　*155*

木下竹次（1872〜1946）　*181, 185-187*

キルパトリック（William Heard Kilpatrick 1871
〜1965）　*97*

クインティリアヌス（Marcus Fabius Quintilianus
35頃〜100）　*12-13*

クルプスカヤ（Nadezhda Konstantinovna
Krupskaya 1869〜1939）　*83-84*

ケイ（Ellen Karolina Sofia Key 1849〜1926）
89-93

ゲーテ（Johann Wolfgang von Goethe 1749〜
1832）　*101*

ケルシェンシュタイナー（Georg Kerschen-
steiner 1854〜1932）　*78-82*

河野清丸（1873〜1942）　*181*

ゴールトン（Sir Francis Galton 1822〜1911）
90

コメニウス（Jan Amos Komensky 1592〜1670）
17-21, 25

コント（Auguste Comte 1798〜1857）　*94*

コンドルセ（Marie Jean Antoine Nicolas Caritat
Marquis de Condorcet 1843〜1913）　*42-
43*

サ 行

佐藤学（1951〜）　*131*

沢柳政太郎（1865〜1927）　*181, 188-191*

ジェイムズ（William James1842〜1910）　*94*

ジェームズ1世（James Ⅰ 1566〜1625）　*31*

志垣寛（1889〜1965）　*191*

下中弥三郎（1878〜1961）　*191*

シャフツベリ伯（The 1st earl of Anthony Ash-
ley Cooper Shaftesbury 1621〜1683）　*31*

シュタイナー（Rudolf Steiner 1861〜1925）　*93,*

101-102

シュプランガー（Eduard Spranger 1882〜1963）
111, 116-117

スコット（Marion McCarrell Scott）　*177*

鈴木三重吉（1882〜1936）　*181*

スペンサー（Herbert Spencer 1820〜1903）
74

スメタナ（Bedrich Smetana 1824〜1884）　*17*

ソクラテス（Σωκράτης 前470頃〜前399）　*5 -
9, 10*

タ 行

ダーウィン（Charles Robert Darwin 1809〜
1882）　*90, 92, 94*

高山彦九郎（1714〜1793）　*149*

田中不二麿（1845〜1909）　*164, 165, 166*

谷本富（1867〜1946）　*180*

為藤五郎（1887〜1941）　*191*

ダランベール（Jean Le Rond d'Alembert 1717
〜1783）　*36*

チャールズ1世（Charles I 1600〜1649）　*31*

ツィラー（Tuiskon Ziller 1817〜1882）　*61*

ディドロ（Denis Didorot 1713〜1784）　*36*

ディルタイ（Wilhelm Dilthey 1833 〜 1911）
116

手塚岸衛（1880〜1936）　*181*

デューイ（John Dewey 1859〜1952）　*94-98*

デュルケーム（Émile Durkheim 1858〜1917）
73-77

寺島宗則（1832〜1893）　*167*

ドクロリー（Ovide Decroly 1871〜1932）　*184*

ドモラン（Joseph Edmond Demolins 1852 〜
1907）　*100, 180*

トリー（Henry Augustus Pearson Torrey 1837〜
1902）　*94*

ナ 行

中村春二（1877〜1924）　*181*

中村正直（1832〜1891）　*170*

ナトルプ（Paul Gerhard Natorp 1854 〜1924）
64

ナポレオン（Napoléon Bonaparte 1769〜1821）

66

南原繁（1889〜1974）　*199*

ニイル（Alexander Sutherland Neill 1883〜1973）
93, 100

ニーチェ（Friedrich Wilhelm Nietzsche 1844〜
1900）　*90*

西周（1829〜1897）　*170*

西村茂樹（1828〜1902）　*169, 170*

西山哲治（1883〜1939）　*181*

ノール（Hermann Nohl 1879〜1960）　*65*

野口援太郎（1868〜1941）　*191*

野村芳兵衛（1896〜1986）　*191*

ハ 行

ハウスクネヒト（Emil Hausknecht 1853〜1927）
64

パウルゼン（Friedrich Paulsen 1846〜1908）
116

パーカー（Francis Wayland Parker 1837〜1902）
180

パーカースト（Helen Parkhurst 1887〜1973）
97, 190

パース（Charles Sanders Peirce 1839〜1914）
94

原武史（1962〜）　*85*

ハリス（Thomas Lake Harris 1823〜1906）
170

樋口勘次郎（1871〜1917）　*180*

平塚らいてう（1886〜1971）　*92*

広瀬淡窓（1782〜1856）　*148-152*

フィヒテ（Johann Gottlieb Fichte 1762〜1814）
61

福沢諭吉（1834〜1901）　*159-163, 170*

フーコー（Michel Foucault 1926〜1984）　*130-
131*

フス（Jan Hus 1369〜1415）　*17*

プラトン（Πλάτων 前427〜前347）　*7, 8, 10-
11*

ブルーナー（Jerome Seymour Bruner 1915〜）
118-122

フレイレ（Paulo Freire 1921〜1997）　*127*

フレーベル（Friedrich Wilhelm August Fröbel

人名索引

1782～1852）　*56, 66-70, 80, 95*

ペスタロッチ（Johann Heinrich Pestalozzi 1746
～1827）　*56-60, 61, 62, 64, 66, 74, 80, 95,
177, 189*

ヘルバルト（Johann Friedrich Herbart 1776～
1841）　*56, 61-65, 74, 180*

ベンサム（Jeremy Bentham 1748～1832）
130

ホール（Stanley Granville Hall 1844～1924）
94

ボルノウ（Otto Friedrich Bollnow 1903～1991）
111-115

ボルン（Max Born 1882～1970）　*111*

マ　行

前田多門（1884～1962）　*197*

マカレンコ（Anton Semyonovich Makarenko
1888 ～1939）　*85-86*

マッカーサー（Douglas MacArthur 1880～
1964）　*199*

マルクス（Karl Heinlich Marx 1818～1883）
93, 111

マレー（David Murray 1830～1905）　*166*

マン（Horace Mann 1796～1859）　*46-47*

ミード（George Herbart Mead 1863～1931）
94

美濃部達吉（1873～1948）　*195*

三宅米吉（1860～1929）　*147*

明治天皇（1852～1912）　*167, 169, 172*

モア（Thomas More 1477～1535）　*23*

元田永孚（1818～1891）　*167-169, 172*

森有礼（1847～1889）　*158, 169-173*

モリス（George Sylvester Morris 1840～1889）
94

モンテーニュ（Michel Eyquem de Montaigne
1533～1592）　*25*

モンテッソーリ（Maria Montessori 1870～
1939）　*103-107*

ヤ　行

山県有朋（1838～1922）　*172*

山本鼎（1882～1946）　*181*

与謝野晶子（1878～1942）　*92*

芳川顕正（1841～1920）　*172*

吉田松陰（1830～1859）　*151-155*

ラ　行

ライン（Wilhelm Rein 1847～1927）　*61, 64*

ラトケ（Wolfgang Ratke 1571～1635）　*17*

ラブレー（François Rabelais 1484～1553）　*24-
25*

ラングラン（Paul Lengrand 1910～2003）
123-124

リーツ（Hermann Lietz 1868～1919）　*99-100*

リンク（Friedrich Theodor Rink 1770～1811）
51

ルイ15世（Louis XV 1710～1774）　*36*

ルソー（Jean-Jacques Rousseau 1712～1778）
36-41, 53, 60, 74, 83, 90, 92, 95

ルター（Martin Luther 1483～1546）　*26-27*

レディ（Cecil Reddie 1858～1932）　*99-100*

レーニン（Vladimir I'lich Lenin 1870～1924）
83

ロック（John Locke 1632～1704）　*31-35, 147*

事 項 索 引

ア 行

アイロニー　7
『赤い鳥』　181
明石女子師範学校附属小学校　181, 182
アカデメイア　4, 10
アボッツホルム　99, 100
「アメリカ教育使節団報告書」　199
一般ドイツ幼稚園　66, 67
『一般教育学』　61
『隠者の夕暮』　56
ウッヅ・ホール　118
『エセー』　25
『エミール』　36, 83
往来物　143-145, 161
恩物　67-69

カ 行

改革教育学　79
『学習原論』　186
「学制」　161, 163, 164, 166, 167, 168, 169, 171
学制布告書（「学制序文」「学事奨励に関する被
　仰出書」）　163, 164
「学童疎開促進要綱」　197
「学徒戦時動員体制確立要綱」　197
『学問のすゝめ』　162, 163
数・形・語　62
価値の制度化　127
学校化社会　110, 129
「学校教育法」　200, 201
『学校と社会』　95-97
学校令　169, 171
『ガルガンチュアとパンタグリュエル』　24
川井訓導事件　181
感覚（感覚教育）　21, 104
咸宜園　143, 148-151
管理　62
規範的精神　116

「95箇条の提題」　26
球体法則　69
「教育委員会法」　200
教育科学　74
『教育学講義』　51
『教育学講義綱要』　61
「教育基本法」　199, 200
「教育議」　168
「教育議附議」　168
教育刷新委員会　199
教育社会学　76
教育審議会　194-196
教育勅語（「教育ニ関スル勅語」）　169, 172-
　173, 199, 200
教育的教授　62
『教育に関する考察』　31
教育に関する四大指令　198
『教育の過程』　118-121
「教育令」（第1次教育令）　166, 168, 171
教学刷新評議会　196
「教学聖旨」　167
郷土科教育　117
規律・訓練（規律，訓練）　62, 75, 130
慶応義塾　161, 162
芸術教育運動　95, 181
「決戦教育措置要綱」　197
啓蒙主義　30, 50, 168
月旦評　150
『ゲルトルート児童教育法』　57-59
合科学習　185-187
公教育　42, 43, 46, 47, 73, 88, 99
『公教育に関する五つの覚書き』　42
『公教育の全般的組織に関する報告および法案』
　42
高校三原則　201
構造（ブルーナー）　119, 120
「高等学校令」　174, 175
「高等女学校令」　174, 175

事項索引

弘道館　*140*

子返し　*137*

古義堂　*143*

『国体の本義』　*196*

「国民学校令」　*173, 194, 196, 200*

御真影　*172*

五段階教授法　*180*

『国家』　*10*

子供組　*137, 139*

子ども中心主義（児童中心主義）　*91, 95, 99, 180*

子どもの家　*103*

子どもの発見者　*28*

コモンスクール（公立学校）　*42, 46*

　　　　　　サ　行

サマーヒル学園　*93, 99, 100*

三気質　*171*

三奪法　*150*

シカゴ実験室学校　*97*

自己訂正　*105*

仕事（occupation）　*97*

私塾　*142-143, 149, 151*

自然（自然主義）　*28, 53, 60*

七自由科　*12*

「実業学校令」　*174*

「実語教」　*144, 145*

実際的教育学　*188*

実存哲学　*111*

『実存哲学と教育学』　*111*

『児童の世紀』　*91, 92*

児童の村小学校　*191*

「児童福祉法」　*201*

「師範教育令」　*195*

社会教育学　*64*

社会主義　*83, 118*

自由ヴァルドルフ学校　*93, 102*

宗教改革　*16, 26*

集団主義　*85, 86, 170*

『シュタンツ便り』　*57*

主知主義　*65*

生涯教育　*123-124*

松下村塾　*151-155*

「小学校教員心得」　*169*

「小学校令」（第1次小学校令）　*171, 173*

消極教育　*39-40, 90, 92*

助産術（産婆術）　*5, 7-8*

「女子教育刷新要綱」　*201*

「私立学校令」　*175*

自律　*54, 75*

自立協働性（conviviality）　*128*

新教育運動　*70, 79, 80, 88, 91, 93, 99-100, 180, 185*

紳士教育論　*32*

『新社会観——性格形成論』　*45*

身体の教育　*32*

「新日本建設ノ教育方針」　*197*

人文主義（ヒューマニズム）　*16, 23, 24*

進歩主義教育運動　*94*

スプートニク　*110, 118*

性格形成学院　*44*

成蹊実務学校　*181*

成城小学校　*181, 189, 190*

「青少年学徒ニ賜ハリタル勅語」　*196*

精神科学的教育学　*110*

「青年学校令」　*194*

『西洋事情』　*161*

『世界図絵』　*21*

全人主義　*99*

「専門学校令」　*176*

想起説　*7, 8*

総合技術教育　*83*

束脩　*142*

ソフィスト　*6, 7*

　　　　　　タ　行

第1次アメリカ教育使節団　*199*

「大学令」　*194*

『大教授学』　*18-20*

第3次小学校令　*173, 180, 188*

大正新教育　*88, 91, 180, 181, 191, 196*

第2次教育令　*168, 172*

第2次小学校令　*173*

タクト　*65*

219

脱学校　*126*
タブラ・ラサ　*32*
玉川学園　*181*
『痴愚神礼讃』　*22*
「中学校令」　*171, 174*
「中等学校令」　*195, 200*
直観教授　*24, 59, 62*
通過儀礼　*137, 139*
出会い　*113-114*
帝国幼稚園・小学校　*181*
適塾　*159*
哲学的問答（対話）　*6*
手習塾　*141-142, 164*
寺子屋　*141-142, 164*
田園教育舎　*99*
動機付け　*120-121*
『統合主義新教授法』　*180*
『道徳教育論』　*73, 75-76*
道徳性（Sittlichkeit）　*80-81*
道徳的法則　*53-54*
徳育（道徳教育）　*37, 58, 73, 168-169*
「都市疎開実施要項」　*197*
ドルトン・プラン　*97, 190*

ナ　行

「為すことによって学ぶ」　*97*
奈良女子高等師範学校附属小学校　*181, 185-187*
肉体／エーテル体（生命体）／アストラル体（感覚体）／自我　*101*
「日本国憲法」　*199, 200*
日本女子大学校　*176*
人間学的な教育学　*115*
『人間知性論』　*32*
『人間の教育』　*66*

ハ　行

『白鳥の歌』　*57*
八大教育主張　*181*
発見学習　*121-122*
パノプティコン（一望監視施設）　*130*
『母の歌と愛撫の歌』　*70*

藩校　*140-141*
汎知　*17, 18*
ピューリタン革命　*31*
敏感期　*106-107*
フェミニズム運動　*89, 90, 91, 93*
『仏国学制』　*163*
筆子塚　*142*
プラグマティズム　*94, 95, 111*
フランス革命　*42, 56, 75*
プロジェクト・メゾッド　*97*
文化教育学　*116-117*
『分団式動的教育法』　*182, 183*
『弁論家の教育』　*12*

マ　行

マサチューセッツ州教育委員会　*46*
マルクス主義　*93, 111*
『民主主義と教育』　*95-96*
無知の知　*5, 6, 9*
明瞭・連合・系統・方法　*64*
明星学園　*181*
明倫館　*151*
明六社　*170*
メトーデ　*57, 59-60*
モントリオール方式（ベル・ランカスター方式）　*50*

ヤ　行

ユニテリアン　*47*
ユネスコ（UNESCO）　*110, 123*
『幼学綱要』　*169*
幼稚園　→一般ドイツ幼稚園
四段階教授法　*63, 64*

ラ・ワ　行

『リーンハルトとゲルトルート』　*56*
『理事功程』　*165*
理性　*39-40, 52*
リュケイオン　*4*
臨時教育会議　*194*
ルネサンス　*16*
『恋愛と結婚』　*90*

人 名 索 引

労作学校　78, 80-81
ロッシュの学校　100

若者組　137, 139
『和俗童子訓』　147, 148

執筆者紹介

石村華代（いしむら・かよ）【編者】
熊本大学大学院社会文化科学教育部修了。博士（学術）。
現在，大分県立芸術文化短期大学准教授。

石村秀登（いしむら・ひでと）
九州大学大学院教育学研究科博士後期課程単位取得満期退学。
現在，熊本県立大学教授。

遠座知恵（えんざ・ちえ）
筑波大学大学院博士課程人間総合科学研究科単位取得満期退学。博士（教育学）。
現在，東京学芸大学教育学部准教授。

軽部勝一郎（かるべ・かついちろう）【編者】
筑波大学大学院博士課程人間総合科学研究科単位取得満期退学。
現在，甲南女子大学人間科学部准教授。

大間敏行（だいま・としゆき）
筑波大学大学院博士課程人間総合科学研究科単位取得満期退学。
元，近畿大学九州短期大学講師。

中沢　哲（なかざわ・てつ）
京都大学大学院教育学研究科博士課程修了。現在，龍谷大学非常勤講師。

山本孝司（やまもと・たかし）
早稲田大学大学院教育学研究科博士後期課程単位取得満期退学。博士（教育学）。
現在，西南学院大学人間科学部教授。

吉田　誠（よしだ・まこと）
筑波大学大学院博士課程教育学研究科単位取得満期退学。
現在，山形大学学術研究院地域教育文化学部担当教授。

教育の歴史と思想 ［第 2 版］

2013年 4 月10日	初　版第 1 刷発行	〈検印省略〉
2023年 2 月10日	初　版第 9 刷発行	
2025年 3 月30日	第 2 版第 1 刷発行	

定価はカバーに
表示しています

編著者	石　村　華　代
	軽　部　勝一郎
発行者	杉　田　啓　三
印刷者	中　村　勝　弘

発行所　株式会社　ミネルヴァ書房

607-8494 京都市山科区日ノ岡堤谷町 1
電話代表　(075)581-5191
振替口座　01020-0-8076

© 石村・軽部ほか, 2025　　　中村印刷・吉田三誠堂製本

ISBN978-4-623-09844-6

Printed in Japan

小学校教育用語辞典

──────── 細尾萌子・柏木智子 編集代表　四六判　408頁　本体2400円

●小学校教育に関わる人名・事項1179項目を19の分野に分けて収録。初学者にもわかりやすい解説の「読む」辞典。小学校教員として知っておくべき幼稚園教育や校種間の連携・接続に関する事項もカバーした。教師を目指す学生，現役の教師の座右の書となる一冊。

生徒指導提要改訂の解説とポイント
──積極的な生徒指導を目指して

──────── 中村豊 編著　A5判　240頁　本体2400円

●2022年に改訂された生徒指導提要。その改訂の背景や課題対応のポイントについて，具体的な事例を交えながら，わかりやすく解説した。

教師のための授業実践学──学ぶ力を鍛える創造的授業の探究

──────── 梅野圭史・林 修 編著　A5判　288頁　本体2800円

●本書は，経験的に蓄積されてきた先達の実践知に学び，今日の学校現場におけるさまざまな課題に照らして，よりよい授業のあり方を検討。教師と子どもの教育的関係を基軸とした，子どもの自ら学ぶ力を鍛える創造的な営みを追求する。教師と，教師をめざす人のための一冊。

授業づくりの深め方──「よい授業」をデザインするための5つのツボ

──────── 石井英真 著　四六判　404頁　本体2800円

●目の前の子どもに応じて，個々の手法をアレンジして使いこなしたり，授業を組み立てたりする上での原理・原則（授業づくりの5つのツボ）が，明日の授業を変えるヒントになる。

──────── ミネルヴァ書房 ────────

https://www.minervashobo.co.jp/